배우는 배우

배우는 배우

Acting in Film and TV

이언정 지음

도서출판 동인

책을 열며

〈배우는 배우〉는 말 그대로 '연구하는 배우'를 담고 있다. 이 의미를 제대로 전달하기 위해서는 먼저 등장하는 배우라는 단어에 악센트를 넣는 것이 더 명확한 표현이다. 그런데 '(역시) 배우는 배우다'라는 긍정의 이중적 의미도 함의하므로, 이 뉘앙스를 정확히 표현하려면 나중에 등장하는 '배우'라는 단어로 악센트가 바뀌게 된다. 미세한 차이가 곧 연기를 만들어 가는 것이리라.

연기를 학문의 관점에서만 해석하고 이해한다면 그것은 이미 생기를 잃은 연기가 될 것이다. 반대로 오직 현장에서의 체득만으로 형성된 연기는 급히 고갈될 우려가 있다. 탁월한 현장 감각을 겸비한 치열한 탐구 정신을 갖출 때야 비로소 연기는 살아있는 숨결로 더욱 넓고 깊게 확장될 것이라 기대한다.

이 책은 영화·영상학의 관점에서 영화의 출발과 함께 시작된 '새로운 결의 연기'를 조명해오며 영상 연기의 현재와 미래까지 추적해보는 나름의 신선한 접근을 시도하였다. 배우는 순간을 산다. 연기하는 순간 연기煙氣처럼 사라지는 연기를 카메라로 붙잡아 찰나를 기록하며, 배우의 연기가 시대와 함께 보존된다.

영상 연기를 위해서는 기본적으로 영상에 관한 전반적인 이해 및 카메라와 매체의 특성을 알 필요가 있지만, 많은 이들이 무작정 연기만을 생각한다. 이해하지도 못한 대사를 습관처럼 내뱉거나 단지 주어진 대본 한 장을 들고 그 어떠한 고민 없이 누군가를 따라 그의 방식을 답습하는 것은, 연기 그 자체도 아니며 진정한 의미에서의 배움도 연기 교육도 아니라고 단언한다. 이토록 관습적인 행위와 일률적인 접근으로 과연 창조적 연기에 도달할 수 있을까?

이 책이 연기를 독학하는 사람이나 대중문화 예술에 관심 있는 일반 독자 누구에게라도 흥미롭게 읽힐 수 있도록 비교적 쉽게 쓰고자 하였다. 또 전공자나 현역 배우의 재교육을 위해 꼭 알아야 할 영상 연기의 이론과 실제를 적절히 담아 시의성과 실효성을 높였다. 카메라를 매개로 한 연기는 굉장히 정교하고 창조적인 상상력이 동원되기에, 연기의 예술적·기술적 측면이 모두 적용되는 영역이다.

이에 기반한, 시대에 적합한 연기관 형성과 교육이 절실함을 느끼며 차곡차곡 써 내려간 글이다. 좀 더 실질적인 도움을 주고자 책의 사이사이와 후반부에 현장에서의 경험을 간단히 공유하였으며, 영상 매체에 관한 구체적 이해와 현장 감각을 지닌 생생한 연기를 제시한다. 그리하여 배우 스스로, 연기에의 접근 및 자신만의 훈련법과 연기 방법론을 찾아갈 수 있도록 돕고자 하였다.

연기 예술에서 배움이라는 것은 자기 확장을 이루어, 삶과 사람을 알아가는 이해의 확장이다. 배우는 삶을 담아내고 사람을 표현하는 예술이며, 연기는 결국 인물과 인물의 삶을 살아내는 작업이기에. 구글 학술 검색Google Scholar에 접속하면 메인 화면에 가장 먼저 보이는 글귀가 하나 있다. 박사 과정 동안 공부하면서 거의 매일 들어가서 이 문장을 봤는데도 볼 때마다 마음이 겸손해지고 웅장해지며 꿈을 이루어가는 고된 과정을 즐길 수 있었다. 독자 여러분을 응원하는 마음으로 지면에 공유한다.

Stand on the shoulders of giants

우리 함께 거인의 어깨에 올라서서 더 넓은 세상을 바라보자. 평범함이 비범함이 되는 순간을 만끽해보자. 필자가 지금도 계속 '배우는 배우'일 수 있는 것은, 거인의 어깨에 올라서는 이 즐거움을 포기하지 않아서이리라.

1

영화가 출발하며 시작된 새로운 연기

1) 영상의 보존성

최근 한국 영상 콘텐츠의 비약적 발전이 눈부시다. 한국의 영화나 드라마가 전 세계적으로 크게 주목받고 있으며, 한국 대중문화 예술이 선도하여 국격을 높이고 있다. 세계 대중문화 예술 주류로 K-콘텐츠가 올라섰다. "오직 한없이 가지고 싶은 것은 높은 문화의 힘"이라는 백범 김구 선생의 소망이 바로 눈앞에 현실로 다가선 모습에 격세지감을 실감하게 된다.

2022년, 영화 〈헤어질 결심〉은 박찬욱 감독에게 칸 영화제 감독상을 안기며 한국 영화의 우수성을 알렸다. 배우 송강호 역시 같은 해, 칸 영화제 남우주연상에 이름을 올리며 각양각색의 전 세계인을 연기로 홀렸다. 그야말로 한국 영화사에 길이 남을 발자취를 남겼다. 봉준호 감독의 영화 〈기생충2019〉이 제72회 칸 영화제 황금종려상과 제92회 미국 아카데미 시상식에서 4관왕을 기록하며 새로이 세계 영화사를 쓰던 그날 그때의 감동을 떠올리며 아마 많은 이들이 비슷한 뭉클함과 기쁨을 느꼈으리라. 우리는 한국 문화예술 콘텐츠가 힘을 발휘하는 영광의 순간을 함께하며 비슷한 연대감을 경험했다.

전 세계인의 폭발적인 반응과 문화적 흐름을 주도한 〈오징어 게임2021〉은 연일 흥미로운 현상을 보여주며 수많은 뉴스의 헤드라인을 장식하였고, 비영어권 최초 에미상 6관왕을 차지하며 한국 영상 콘텐츠의 저력을 과시했다. 문화와 언어의 차이를 극복하고 전 세계가 〈오징어 게임〉의 놀이 문화에 열광하는 것을 보며, 세계 정상에 설 수 있는 경쟁력 지닌 콘텐츠의 파급력 강한 물결을 우리는 이미 목도했다. 이어 넷플릭스NETFLIX에서 공개된 연상호 감독의 〈지옥2021〉은 공개 첫날 드라마 부문 세계 1위로 정상을 차지하며 가히 압도적 세계관으로 전 세계를 또 한 번 놀라게 했다. 다양한 경로를 획득한 플랫폼으로 인해 이제 각국의 콘텐츠는 전 세계를 무대로 저마다의 저력을 드러낸다. 그 중심에 K-콘텐츠가 있다.

배우 윤여정은 한국 배우 최초로 제93회 미국 아카데미 시상식 여우조연상을 수상하며 노련한 배우의 저력을 과시했다. 이미 국내 유명 스타인 배우 이정재는 〈오징어 게임〉의 인기에 힘입어 국제적 스타로 발돋움했으며, 감독 데뷔작으로 칸 영화제 초청을 받으며 세계인의 이목을 끌었다. 최근에는 〈오징어 게임〉 시즌 2 캐스팅 소식이 전해지며 높은 관심을 받고 있다. 박찬욱 감독을 비롯한 여러 영화인이 인터뷰에서 말하기를, 한국 관객은 까다롭기도 하며 그만큼 문화적 수준과 안목도 높다고 믿기에, 작품을 두고 그 반응과 기대치를 고려하게 된다고 언급한 바 있다. 필자 개인으로도, 수준 높은 수용자와 관객의 기대에 미칠 수 있도록 부단히 노력한 점이 결과적으로 콘텐츠의 완성도를 높여 한국 문화 예술 콘텐츠의 위상을 높이고, 세계에 우뚝 서게 한 하나의 동력이 되었다고 본다. 이처럼 탁월한 예술가만큼이나 그것을 알아봐 주는 관객의 수준과 함양 또한 중요하다.

한국 영화는 강제규 감독의 〈쉬리1999〉 전후로 나뉜다는 말이 있을 정도로 한국 영화사에서 기념비적인 작품이다. 이후 한국 영화는 초고속 성장을 이루며 그 가능성과 잠재력을 발휘한다. 〈쉬리〉를 신호탄으로, 이창동 감독의 〈박하사탕2000〉, 박찬욱 감독의 〈공동경비구역 JSA2000〉, 봉준호 감독의 〈살인의 추억2003〉 등 이전에 볼 수 없던 새로운 영화들이 줄이어 등장하며 이른바 작품성과 상업성을 모두 갖춘 한국형 '웰메이드 영화well-made Film'의 시대가 열렸다.

영화에 유입된 거대 자본이 독창적인 창의성을 지지하며 시장이 급속도로 커졌고, 2003년 강우석 감독의 〈실미도〉가 한국 영화 최초로 천만 관객을 돌파하며 한국 영화 산업의 성장을 견인했다. 그리고 그 중심에는 한국 영화를 지지하고 사랑하는 한국 영화 관객이 있다. 이후 주요 국제 영화제에서의 잇따른 수상으로 한국 영화는 그 우수성을 알리기 시작했고, 이렇게 2000년대 이후 한국 영화는 산업의 큰 성장과 미학적 성취를 이루며 세계에 내놓을만한 영화로서의 자격과 지위를 확보하기에 이른다. 그야말로 한국 영화 르네상스 시대의 시작이다. 한국 영상 콘텐츠가 전 세계에 우뚝 선 지금, 세계는 이제 한국 영상 콘텐츠를 배운다. 이처럼 영화나 드라마에는 많은 구성 요소가 존재하며, 배우의 '연기' 또한 그 안에서 중요한 가치를 창출한다.

전 세계적으로 코로나 팬데믹COVID-19 pandemic을 경험하며 문화예술계도 많은 변화를 겪고 있다. 이용주 감독의 영화 〈서복2021〉은 국내 최초로 극장과 토종 OTT Over The Top인 티빙TVING을 통해 동시 개봉을 선택하며 공존을 위한 의미 있는 출발을 알렸다. 연극계는 영상과의 결합으로 새로운 창구를 통해 관객과 소통하기 시작했다. 꽤 괜찮은 새로운 플랫폼 정도로 여겨지던 OTT는 코로나 팬데믹의 여파로 그 시장과 영향력이 커지며 어느새 극장의 대체 역할까지 야무지게 해냈다고 볼 수 있다. 다양한 플랫폼과 미디어의 등장으로 영화 역시 계속해서 새로운 시도를 도모하는 시대이다.

코로나 이전, 2017년 봉준호 감독의 영화 〈옥자〉가 영화관을 찾아가 스크린을 통해서만 영화를 볼 수 있는 전통적인 구조에서 벗어나 넷플릭스 상영을 추진했을 때 많은 이슈가 발생했다. 그 당시만 해도 국내뿐 아니라 해외 반응까지 아주 각양각색이었다. 넷플릭스 오리지널 영화 최초로 〈옥자〉가 칸 영화제 초청을 받았을 때

프랑스 영화계에서는 큰 반발이 일어났다. 그 후로 얼마 지나지 않은 지금, 우리의 인식도 상황도 현장도 세계도 많이 바뀌었음을 본다. 포스트 코로나를 마주한 지금, 극장은 코로나 이전의 활기를 되찾기 위해 회복에 부단히 힘을 쏟고 있으며, 오히려 코로나 여파로 OTT는 급격한 성장세를 이루었다. 생경함에서 비롯한 불편함은 지워가고, 새로운 것만큼이나 소중한 익숙함을 지키기 위해 그 그릇을 넓혀가는 치열한 때를 지나고 있음은 분명해 보인다. 영상 예술의 대표 주자인 영화는 이제 극장 개봉 영화와 OTT 오리지널 영화로 부대낌과 공존을 기꺼이 경험하며 다시 한번 시대가 원하는 영화의 의미와 방향을 새롭게 한다. 영상 예술의 거대한 변화와 흐름을 온몸으로 마주하고 있는 지금이다.

　　이제 배우가 연기를 하는 것에 있어 영상과는 떼려야 뗄 수 없는 관계가 되었다. 그렇다면 더욱 탁월한 스크린 연기Screen Acting[1]를 위해 영상 전반에 관한 이해는 필수이며, 이는 곧 현장과도 직결되는 아주 중요한 사항이다. 이 책의 지면을 통해 영상을 기반으로 한, 현장 감각을 지닌 생생한 스크린 연기를 논의하고자 한다. 스크린 연기란 영화, 드라마, TV-CF 등 카메라를 매개로 다양한 플랫폼의 화면을 통해 전달되는 '영상 연기'이다. 영상 연기의 가장 큰 특성이라 함은 작품과 함께 보존되는 특성이 있다. 이처럼 영상의 '보존성'으로 인해 배우의 연기는 작품과 함께 영원히 남아 우리에게 회자된다.

　　한국 영화 그 자체였다는 평을 받는 고故 강수연 배우의 유작인 넷플릭스 영화 〈정이2023〉는 배우의 생전 모습과 연기 열정을 그리워하는 관객들로부터 큰 관심을 불러일으켰다. 전통적인 무대는 '휘발성'을 지녀 배우의 연기를 보존할 수 없었다. 그러나 영상의 보존성으로 인해, 사랑하는 배우의 연기를 두고두고 오랫동안 볼 수 있게 되었으며, 이것은 큰 선물이 아닐 수 없다. 그리고 이 중심에 바로 영화의 시작이 있다.

연기에 관한 논의는 고대 그리스의 아리스토텔레스Aristoteles에 서부터 연기를 학문의 영역으로 편입시킨 콘스탄틴 스타니슬랍스키 Konstantin Stanislavsky를 시작으로 리 스트라스버그Lee Strasberg, 스텔라 애 들러Stella Adler, 샌포드 마이즈너Sanford Meisner 등의 연기술을 지나 현재 에 이르기까지 줄곧 있었다. 그러나 연극으로 시작해 무성 영화의 시기를 거쳐 유성 영화의 전성기를 맞이하고, 첨단의 새로운 미디어 와 플랫폼이 등장했음에도 연기에 대한 논의와 연구가 앞으로 크게 나아가지는 못했다. 때로는 각자의 개성과 재능을 무시한 채 여전히 천편일률적인 연기 방법론을 제시하고 있기도 하다. 아쉽게도 한국 의 연기 예술 교육 역시 현시대와 방향을 적극적으로 반영하지는 못하고 있는 실정이다.

작품과 관객을 이어주는 가장 강력하고도 직접적인 상상력의 매개라 하면 바로 '배우'이다.[2] 배우에 관한 담론은 작품과 함께 의 미를 발생시키기에 작품의 역사와 미학적 위치, 경제 효과와 파급력 등 모든 것과 관련한 총체적 이해가 필요하다. 거기에 사회적 문화 적 공감대까지 요구된다. 배우에 관한 담론이 특히 영상 매체인 영화나 드라마에서 자주 생겨나는 이유도 이 모든 것을 충족시키는 지점을 만날 가능성이 높기 때문이다.

　　빠르게 변화하는 콘텐츠 환경에서 다매체·다변화 시대의 새로운 플랫폼 등장으로 연기 무대 역시 확장되며 다양한 시도가 행해지고 있기에, 이제 더욱 구체적으로 영상 연기에 대한 다채로운 이해가 필요하다. 짧은 형식의 영상, 일명 숏폼short form이 대세인 시대이다. 많은 플랫폼과 웹드라마라는 새로운 형태의 콘텐츠 등장으로 연기를 할 수 있는 기회도 무수히 많아졌다. 이전에는 주로 영화관과 지상파 방송 등의 주류 미디어를 통해서만 배우의 연기를 접할 수 있었다면, 이제 주류 미디어의 전복 시대이다. 생소하던 비주류가 이미 주류가 된 지 오래이며, 미디어의 권력도 분산되었고 매체와 기술의 장벽이 무너졌다. 손안의 휴대폰으로 다양한 영상을 접하고 배우의 연기를 감상한다.

　　OTT나 웹드라마, 애플리케이션application, SNSSocial Network Service 등을 통한 연기 창구가 많아졌다. 다양한 플랫폼을 통해 전달되는 각 작품은 저마다의 매력과 개성으로 무장하여 관객을 끌어들이며 연기의 전문성과 함께 다양성이 강화된 시대이다. 이제 각 매체와 장르 및 다른 환경을 마주하며 과연 어떠한 연기술로 존재해야 하는지 배우 스스로 깨달아야 할 때이다. 이로 인해, 다채롭고 빠르게 변화하는 미디어 환경에 모두 적응할 수 있어야 하는 것이 배우의 숙제가 되었다. 이 책은 이러한 변화를 기민하게 받아들이면서도 스크린 연기의 위치를 더욱 공고히 하고자 한다.

무대 위에서 배우가 연기를 한다. 관객은 무대를 보고 배우의 연기를 본다. 그러나 관객이 무대도 배우도 아닌 무대 구석에 세워진 도구만 볼 수도 있는 것이다. 예컨대 정작 중요한 대사를 하고 있는 배우가 아닌, 저 뒤편에 등만 보이고 있는 배우에게 집중할 수도 있는 것이다. 즉 무대를 감상할 때, 관객은 본인이 보고자 하는 그 어떤 것에나 집중할 수 있다. 그것이 꼭 무대이거나 연기이거나 배우가 아닐 수도 있다는 말이다. 무대에 선 배우의 입장에서 들여다보면 무대라는 공간은 관객과 순간의 호흡을 같이하고, 관객의 반응을 가장 격렬히 체험하는 매력이 있다. 언급한 것처럼 대체로 전통적 무대는 휘발성을 지닌다. 그렇기에 두고두고 누군가의 연기에 대해 회자하거나 분석되기 힘든 성질이 있다. 그러나 무대를 매개로 한 이 교감의 순간과 희열은 배우에게나 관객에게나 모두 잊지 못할 경험을 선사한다.

영화가 시작됐다. 스크린을 통해 우리는, 감독이 프레임으로 지정하여 촬영해 보여주는 그 부분만을 볼 수 있다. 감독이 배우의 얼굴 클로즈업을 찍어서 보여주는데 관객이 그 배우의 발을 보고 싶다고 한들 스크린을 통해 볼 수 없다는 말이다. 감독의 철저한 의도로 관객은 보이는 것만을 본다. 감독이 나무 한 그루만 보여주는데 관객이 인간의 형상을 보고 싶다고 해서 볼 수 있는 것이 아니다. 흔히들 영화를 '감독의 예술' '프레임의 예술' '편집의 예술'이라고 한다. 이야기를 전달하고 의미를 발생시키는 것에 이들은 크게 관여한다. 결국 관객은 두 시간 내내 감독이 보여주고 드러내고자 한 것에 몰입하여 작품을 감상한다. 이를 통해 작품과 감독의 세계관에 더 가까이 다가서며 각자의 이해로 사유하게 된다.

매체의 경계도 연기의 경계도 무너지는 시기, 그래도 여전히 존재하는 차이와 각각의 특성이 있다. 먼저 무대는 배우가 연기하는 그 순간을 관객과 고스란히 공유하고 함께 호흡하며, 관객의 반응을 실시간으로 체험할 수 있기에 거기서 오는 에너지 교류와 아우라aura[3]가 있다. 동일한 공간, 같은 시간에 존재하며 배우와 관객은 각각 서로에게 아주 미세하더라도 영향을 끼치게 된다.

그러나 관객의 반응을 바로바로 직접 느낄 수 없는 촬영 현장에서 카메라 앞에 선 배우는 오롯이 하나의 주체적인 인물이 된다. 카메라 앞에서는 관객의 반응을 철저히 배제한 채 그 누구의 스침 없이 오직 인물로 호흡한다. 카메라를 매개로 한 연기에서 관객의 반응은 연기, 그 이후 문제인 것이다. 무대에서 배우의 연기와 관객의 반응은 실시간으로 함께 이루어지지만, 카메라 촬영 현장에서 배우의 연기와 관객의 반응은 실시간으로 공유되는 현상이 아니다. 이미 여기서부터도 무대 연기와 영화 연기의 다른 결이 행해진다.

2) 새로운 연기의 결

영화의 출발과 함께 비로소 배우의 연기에 대한 관심이 생겨나고 그에 따른 평가도 이루어지기 시작했다. 전통적 무대에서만 연기하던 시절, 배우의 연기에 관한 논의는 크게 이루어지지 않았다. 그렇기에 배우 자체에 대한 담론이나 주목도 그리 크지 않았다. 이는 앞서 언급한 무대의 휘발성과도 관련이 있을 것이다. 그러나 영화가 탄생하며 작품과 함께 배우의 연기가 보존되어 오고 있다. 영상의 보존성으로 인해 배우의 연기는 작품 안에서 큰 위치를 담당하게 된다. 하나의 미장센mise en scène으로 치부하기엔 그 축이 크다. 이제 관객들은 배우의 연기에 상당히 주목하고 있으며, '연기력'에 관한 논의도 활발해졌다. 영상의 기록과 보존에 따른 부담도 더해진 것이다. 소위 말하는 지우지 못할 흑역사를 남길 수도, 생각지 못한 전성기를 맞이할 수도 있는 경우의 수가 생겼다.

이처럼 영상의 보존성과 함께 연기에 대한 가치 평가도 자연스레 따라오게 됐다. 전통적인 연기의 개념이 영화, 즉 영상의 등장으로 새로워지기 시작한 것이다. 대체로 휘발적 성격을 지닌 무대 연기와 차이점을 발생시키는 부분이기도 하다. 그러므로 이제 연기에 대한 전통적 관점도 달라질 필요가 있다. 오롯이 작품의 구성 요소로 존재하고, 보존성을 지닌 영상 연기에 관한 현대적 관점에서의 연기 개념 정립이 다시 필요한 때이다.

보편적으로 영화의 시작을 말하며 일반적으로 우리는 뤼미에르 형제Les frères Lumière의 〈기차의 도착L'Arrivée d'un train en gare de La Ciotat, 1895〉을 꼽는다. 이전의 회화나 사진이 고정된 이미지였다면 영화의 시작으로 인류는 움직이는 이미지를 보게 되었다. 그런데 엄밀히 따지면, 뤼미에르 형제 이전에 움직임을 기록할 수 있는 장치를 더 앞서 발명했던 선구자들이 존재했었다. 그러나 에디슨Thomas Edison과 그가 고용한 기술자 딕슨William K. L. Dickson이 1891년에 개발한 것으로 알려진 키네토스코프Kinetoscope는 한 번에 한 명의 관객만 영상을 관람할 수 있는 형태인 것에 반해, 뤼미에르 형제의 시네마토그래프 Cinematographe는 대중이 한 번에 함께 영상을 관람하는 공동체적 관람 즉, 대중적 상영이 가능하게 했다. 영화는 스크린에 영사되는 대중 상영 방식을 채택하며 영화의 원년을 기억하기에 이른다. 이처럼 다수의 관객이 한 공간에 모여 스크린을 통해 함께 작품을 관람하며 비슷한 느낌을 공유한 최초의 영화 체험에 기반하여 영화는 공동체적 경험을 그 시조로 삼아 그간 극장용 영화라는 전통적 개념을 고수해왔다. 그도 그럴 것이 사실 영화라는 매체는 함께 관람하는 그 경험이 주는 짜릿함과 감동이 크다.

비슷한 예로 월드컵이 열리던 때 곳곳에 모인 사람들, 모르는 얼굴들이 하나의 스크린을 통해 하나의 경기에 몰입하여 응원하며 함께 열광하고 울고 웃던 때가 축구 경기의 결과와는 상관없이 우리 모두에게 오랜 기억으로 자리하는 것을 우리는 대부분 경험해보지 않았던가. 이는 영화가 추구하는 본질적 성격과 유사하다. 함께 공유하는 그 체험과 경험을 영화의 중요한 본질로 인식하며 우리는 함께 한 시간을 기억한다. 이 '약간의 마법'으로 영화와 함께 그 공간을, 함께 했던 그 사람을, 그 시절의 그 공기를 기억한다. 적어도 코로나 팬데믹 이전까지는 영화의 그 전통적 가치를 확고히 지켜왔다고 볼 수 있다.[4]

처음부터 영화관은 예술적 환상을 위한 장소로 고안되었다. 인위적 차단을 만들어 관객이 오직 스크린만 따라가도록 매료하며 관객들끼리 교감하는 상승효과를 지지한다. 2시간 안팎의 시간 동안 무엇이 펼쳐질지 모르는 환상과 미지의 공간인 상영관으로 들어갈 때의 그 긴장과 설렘, 어둠 속에 붙들려 스크린에 집중하고, 영화에 관한 저마다의 여운과 느낌을 나누며 극장을 빠져나오는 한시적 공동체, 앞으로도 이 한시적 공동체의 풍경과 경험을 계속 마주할 수 있을지, 전통적 영화의 개념이 어디로 흘러가고 도달할지 영화의 매혹과 혼돈이 유독 기대되는 이유이다. 미디어의 급격한 변화와 다양한 영상 소비 형태는 영상 창작자에게 언제나 깊은 고민을 던질 수밖에 없기에.

코로나를 겪으며 집합 금지와 상영 공간 상실로 영상 소비 방식은 완전히 한쪽으로 기울었다. 물론 이는 영상에만 국한된 것이 아니며, 사회 전반에 큰 변화를 일으킨 것만은 확실하다. 영상을 접하는 형태가 OTT 산업과 실시간 스트리밍 대중화 등으로 지극히 개인화된 키네토스코프로의 정점을 찍고 있는 지금, 코로나 이후 침체한 국내 극장가에 현재 가장 활력을 불어넣은 영화로 평가받는 〈서울의 봄〉은 2023년 말, 대형 스크린을 통한 공동체적 경험에 다시 불을 지폈다. 실제 사건을 바탕으로 12·12 군사 반란을 담아낸 영화는 개봉 33일 만에 천만 관객을 돌파[5]하여 개봉 54일 차가 되는 2024년 1월 15일 기준[6] 누적 관객 1,280만 명을 동원하며 극장가에 한국 영화 부활의 신호탄을 쏘아 올렸다.

비단 영화의 성공 말고도 이른바 〈서울의 봄〉 심박수 챌린지로 관객을 끌어모았다. 관객들이 영화를 보고 난 후 스마트워치나 애플리케이션으로 자신의 스트레스 지수, 심박수 및 혈압 기록을 찍어 SNS에 공유하는 방식으로 영화적 경험을 나누는 것이다. 이는 특히 실제 사건을 잘 알지 못하는 MZ 세대에까지 큰 영향을 끼쳐 영화를 보면서 얼마나 분노했는지 심박수를 체크, 공유하고 SNS를 통해 영화를 곱씹어 역사에 관심을 두는 계기로까지 이어졌다. 앞서 언급한 함께 공유하는 체험과 경험을 중시하는 영화의 한시적 공동체적 성격으로 볼 수 있다.

제74회 칸 영화제에서 한국의 봉준호 감독은 "뤼미에르 형제의 영화에서 기차가 달린 이후로 수백 년 동안 이 지구상에서 영화는, 시네마는 단 한 번도 멈춘 적이 없다고 생각한다"라고 개막 선언을 하기도 했다. 이렇듯 영화는 다양한 변주를 하며 우리 속에서 지속되고 있으며, 배우의 연기도 작품과 공존한다. 그런데 대부분 알다시피 〈기차의 도착〉은 다큐멘터리documentary 형식을 취하고 있어 따로 배우가 있거나 대단한 연기가 필요하지 않다. 기차가 도착하고 그곳을 드나드는 사람들의 사실적인 모습 그대로를 보여주고 있다. 이는 어쩌면 영화 연기의 출발과 자연스럽게 맥락을 같이한다. 지금까지도 영화 연기의 가장 큰 특성을 이야기하자면 대개 '자연스러움'과 '사실성'을 꼽는다. 하지만 그 자연스러움과 사실성이라는 것에 대한 좀 더 명확한 이해가 필요하다.

특히, 영화 연기에 있어 언제나 가장 먼저 중요하다고 언급되는 자연스러움이라는 것은, 배우 자체의 자연스러움이라기보다는 '작중 인물로의 자연스러움'을 유지하라는 것으로 받아들이는 것이 더 적합하다. 단지 현실처럼만, 오직 꾸밈이 없이만 연기해도 작품이 원하는 극적 효과를 이룰 수 없어 더 큰 감동이나 영감을 주거나 각성하게 하기 어려운 문제 등이 발생할 수 있다. 그렇다고 해서 계산하여 애써 꾸민 듯한 연기는 또 관객에게 신뢰를 주지 못하고 몰입을 방해하게 된다. 결국은 둘의 조화를 이루는 것이 관건인데, 그래서 연기는 참 쉽지 않은 작업임은 분명하다. 이를 극복하기 위해서 오히려 연기의 '단순성simplicity'을 회복해야 한다. 그리고 단순해지기 위해서는 배우 스스로 자신을 믿어야 한다. 믿고 주어진 상황에 단순하리만큼 빠져들어야 한다.

영화 〈조커Joker, 2019〉로 유명한 배우 호아킨 피닉스Joaquin Phoenix 역시 연기는 다큐멘터리와 같아야 한다며 이를 위해서는 자신이 느끼는 것을 있는 그대로 느껴야 하는데, 결국 이는 캐릭터의 생각과 감정이라 짐작되는 것을 그대로 받아들이는 것이라며 한 인터뷰에서 언급한 바 있다. 오직 작중 인물로서 치열하게. 긴장과 이완, 자극과 반응을 단순하게 받아들여 이것이 믿어질 때 그 안에서 역동성이 발생하고 인물이 생기를 얻는다. 있는 그대로 받아들이는 것, 어쩌면 '단순하게 연기하는 것'은 가장 쉬운 것 같지만 가장 어려운 말이다.

마틴 스코세이지Martin Scorsese 감독은 영화의 모든 것은 조르주 멜리에스Georges Méliès로부터 시작됐다고 말한 바 있다. 100여 년

전 처음 영화의 기법이 발견됐을 때의 흥분이 그대로 살아있는 그의 영화를 보며 영화와 사랑에 빠졌다고 밝히면서 말이다. 뤼미에르 형제는 주로 일상을 기록한 영화를 선보이며 다큐멘터리 시조로 간주되는 반면, 멜리에스는 극영화의 아버지라 불리며 관객에게 이야기를 전달하는 잠재력과 다양한 실험 정신으로 영화적 환상을 구축했다.

　　마술사였으며, 영화감독인 조르주 멜리에스는 영화에서 예술의 가능성을 즉각 발견하고 영화에 마술과 같은 환상을 심어 새로운 시각 예술의 강점을 극대화했다. 특히 화면 구성이나 미술에서 그만의 특색 있는 장면을 선보이며 실제로는 실현 불가능한 것들의 실현을 영화에서 추구하고자 했다. 이즈음, 움직이는 기록으로 출발한 영화가 탁월한 영감을 발휘하며 일명 영화적 환상을 품기 시작한다. 이렇게 가장 현실적이고도 매혹적인 영화라는 공간에서 배우의 연기는 그에 어울리는 표현으로 계속 변주하고 진보했다.

　　미국 최초의 영화감독이라 불리는 에드윈 포터Edwin Porter는 극영화 형식의 시초를 선보이며 영화의 수준을 더욱 끌어올렸다. 무대 위 연극처럼 주로 고정된 한 공간에서 이루어지며 기록에 그치던 영화의 촬영과 편집 등에서 벗어나 비로소 영화적 생생함을 더했다. 포터는 영화 〈대열차강도The Great Train Robbery, 1903〉에서 강조하는 부분을 타이트한 샷으로 제시하며 카메라 즉, 관객을 정면으로 응시한 최초의 영화로 기록되며 신선한 충격을 선사한다. 포터가 제안한 현대 영화의 문법과 형식은 이후 그리피스David Wark Griffith 감독이 완성,

발전시키며 영화사적 기념비를 남긴다. 일련의 과정을 거치며 비로소 배우는 극영화에서 현실을 재현하며 영화 연기의 적절한 방식을 찾아가게 된다.

극영화가 등장한 이후, 넘쳐나는 플랫폼을 경험하는 지금의 시대까지 연기의 스타일과 유형도 굉장히 다양해지고 있다. 그러나 변함없이 영상 연기는 억지로 꾸며내지 않은 듯한, 있는 그대로를 그려내는 연기의 형식을 지향하고 추구하고 있다. 여전히 위대한 극적 환상을 심어주면서도 말이다. 앞서 언급한 것처럼, 작중 인물로 자연스러워지기 위해서 배우는 불편할 수도 있다. 그 불편함을 감수하고 비로소 자연스러운 작품 속 인물로 서는 것이다. 이를 오해해서 계속 자연스러워 보이고 싶다고 생각하는 순간, 작위적인 연기로 전시될 수 있다. 자연스러워 보여야 한다는 생각부터가 연기에 설정과 제한을 두게 된다. 단순하게 표현하자면, 전적으로 작중 인물로 그 순간에 몰입했다면 그것이 바로 자연스러운 것임을 기억하자. 영화감독이자 연극 연출가인 피터 브룩Peter Brook 역시 이러한 작중 인물에의 완전한 몰입과 거리 두기를 동시에 언급한 바 있다.

어느 순간 비로소 합일을 이루는 영상 작품과 캐릭터를 만나며 대중에게 선명한 인상을 남기는 수많은 배우를 목도한다. 배우는 영상을 통해 문화와 공간, 시대 속에 각인된다. 사실 이러한 보존성은 영상 콘텐츠의 가장 큰 특성이자 강점이며 매력적인 부분임은 분명하다. 그러나 앞서 언급한 것처럼 배우에게 때로는 큰 부담이 아닐 수 없다. 배우가 자신의 연기를 두고 매우 흡족하다 할 수 있는 경우가 얼마나 되겠는가. 이것은 비단 배우뿐 아니라, 참여하는 모든 스태프들도 마찬가지일 것이다. 카메라는 조금의 실수도 용납하지 않으며, 고스란히 세심하고 치밀하게 포착하여 담아내는 특성이 있다. 기술은 날로 발전하고 있으며 기계는 매우 민감하다.

카메라의 눈은 인간이 미처 발견하지 못한 것을 드러내고 더할 나위 없이 세밀하다. 영상 연기는 카메라라는 가장 가까운 친구와의 동행이다. 의도된 왜곡이나 미화, 축소 및 확대가 있을지언정 카메라는 거짓말을 용납하지 않는다. 가수 이효리는 최근 한 예능 프로그램에 나와 자신의 굴욕 사진을 언급하며 '그림이 아니고 사진이니, 없는 게 찍힐 수는 없었을 것'이라며 실제보다 더 적나라하게 나온 자신의 사진을 시원하게 인정하는 모습을 보였다. 이처럼 카메라는 인간의 눈으로 미처 포착하지 못하는 것들을 아주 적나라하게 끄집어내기도 한다. 카메라의 등장, 멈춰진 사진이 아닌 움직이는 영상의 출현, 여기서부터 '새로운 결의 연기, 영상 연기'가 시작되었다.

3) 영상 연기의 역사

영상은 만국 공통으로 직관에 의해 가장 빨리 또 쉽게 도달할 수 있으며, 서로 소통하고 이해하고자 하는 인류 보편의 언어로 자리 잡았다. 그 출발에 영화가 있고 그 구성 요소에 연기가 존재한다. 영화가 시작되며 배우에의 관심, 곧 연기에의 관심이 커지기 시작했고 영화를 통해 스타 시스템이 생겨나기 시작했다. 영화사에 근거하여 살펴보자면, 1900년대 초반 필름 다르Film D'art 시대에 이르러서야 배우라는 개념이 도입되기 시작했다. 그러나 이조차도 기록 형식의 작품에서 이루어지는 적당한 행위 재연 정도에 불과했다. 이후 무성 영화 시대가 도래하며 드디어 영화가 연극과 구별되는 정체성을 얻기 시작하고, 영상 이미지 구성 자체가 곧 연기가 되는 시대가 출발했다.

그러나 이때의 연기는 연극과 크게 다르지 않은 과장된 선택들이 공존했으며, 오히려 더욱 직설적인 행위와 표정으로 이루어지기도 했다. 그도 그럴 것이 음성과 대사가 없는 영화의 방식에서의 연기는, 은유를 써서 관객을 완벽히 이해시키거나 감정과 서사를 정확히 전달하기에는 어려움이 있었을 것이다. 그래서 그 시절 많은 배우는 앞서 언급한 형태의 연기 방법을 택하고 그렇게 화면에 보존되었다. 곧이어 유성 영화 시대에 들어서며 배우 자체와 연기에 관한 중요성이 더욱 커지기 시작했다. 이때부터 평단과 관객 모두는 비로소 배우의 연기를 평가하기에 이른다. 그만큼 배우에게는 더욱 많은 것들이 요구되기 시작했으며 영화적 환상과 관객의 환상을 충족하는 다채로운 배우상이 형성되며 각 시대를 아우르게 된다.

앞서 영화의 전통적 개념을 설명하며 언급한 바 있듯, 영화는 상영 방식을 중요시하며 다수의 관객이 함께 같은 경험을 공유하는 것에 방점을 뒀다. 마찬가지로 이미 그 시초에서부터 관객도 스크린이나 브라운관을 통해 작품에 빠져들어 결국 함께 동화되고 감동하기를 원해왔다고 볼 수 있다. 이제 발전한 작품의 수준만큼이나 관객의 수준도 높아지며 관객의 평가가 때로 엄해지고 무섭다 느낄수 있으나, 애초에 처음부터 관객은 배우의 편이며 작품을 사랑할준비가 되었다는 것을 기억하면 좋겠다. 그러니 복잡한 생각 말고단순하게 장면에, 그리고 인물에 몰입하도록 하자.

연기를 위해 무언가를 많이 해야 하고 더 만들어내야 한다는강박을 벗도록 하자. 배우가 우는 연기를 잘한다고 해서 마치 그것을 뽐내듯 작정하여 울기만 한다고, 관객이 같이 울거나 그것에 감동하지 않는다. 도리어 기어이 울음을 참아내는 모습에서 관객은 눈물을 훔치거나, 그것이 관객을 울고 싶게 만드는 경우가 많다. 요약하자면, 연기를 보여주기식으로 접근하지 말자는 것이다. 체화되지않아 나오지도 않고 충분히 집중되지도 않았는데, 배우 자신이 무슨말을 하는지도 잘 모르는 상태로 억지로 짜내서 무언가를 하려 하지 말자는 얘기다.

또 하나 고민할 것은 배우의 연기가 그저 연기 행위로 그칠뿐, 관객에게 그 어떤 울림이나 여운 혹은 여지를 줄 수 없다면 과연 그것이 작품과 상생하기 위한 영상 연기의 관점에서 가치 있다고 할 수 있겠는가. 작품과 함께 두고두고 회자되며 보존되는 영상연기의 특성상 작품 속 배우의 연기로 인해 무언가가 관객에게까지

도달할 수 있을지에 관한 고민은 늘 필요하다. 시간이 흘러 나중에 새롭게 작품을 곱씹어볼 때 그때도 또 다른 영감과 깨달음, 색다른 재미를 줄 수 있는 것, 그것이 영화의 시작과 함께 출발한 연기의 새로운 매력일 수도.

세계 대전 이후 1940년대를 지나 필름 누아르film noir 시대에 이르러서는 영화 연기가 확연히 분별되며 가까워진 카메라 쇼트로 배우에의 의존도를 높이는 작업 방식이 주를 이루었다. 그도 그럴 것이 전쟁 이후 피폐하고 황량한 시대를 지나며, 영화 제작 여건도 많이 축소되었으며 마찬가지로 제작비로 많이 쓸 수 없는 지경에 이르렀기에 배우 활용도와 의존도로 그 어려움을 돌파할 수 있는 시대였다고 보는 것이 적합하겠다.

필름 누아르의 범죄와 잔혹성, 우울한 서사는 냉전의 불확실성과 전쟁으로 겪은 각각의 혐오를 마주한 처절한 인간 심리와 연관이 있을 것이다. 그래서 그 시절, 영화의 주 서사를 이끄는 공간으로 활용된 주 배경은 주로 어두운 밤거리, 좁은 뒷골목, 폐허의 장소가 많았으며 분위기는 주로 어둡고 우울했다. 이때 영화에서 배우의 연기가 차지하는 비중이 급격히 늘었으며, 표정 연기를 위한 초근접 쇼트도 많이 쓰이기 시작했다. 필름 누아르는 그렇게 전쟁 이후 암울하고 비관적인 시대적 상황과 맞물려 영화적 순간을 장식하는 하나의 양식으로 지금까지 자리하게 되었다.

현대에 와서는 컴퓨터 그래픽computer graphics, CG과 기계의 발전으로 기술적으로 완벽한 자유를 획득하기에 이르렀다. 이제껏 볼 수 없던 소재와 이야기, 내용과 촬영 방식이 등장했다. 이러한 현상으로 인해 배우는 데이터 연기에 의해 전체가 아닌, 부분만 연기하게 되는 방식을 배우고 이에 익숙해지고 있다. 배우가 모든 것을 시도하지 않아도 기술과의 완벽한 결합으로 장면이 밀도 있게 완성되는 시대이다. 더 이전에는 배우가 직접 연기했느냐 대역이 있었느냐에 대한 질문을 던졌다면, 이제는 배우가 직접 소화했느냐 CG냐를 궁금해하는 질문까지 더해진 시대이다. 나아가 인간 배우인지 AI 배우인지까지 구분해야 하는 시대를 마주할지 모른다. 그만큼 연기를 채우는 요소들이 다양한 방식으로 많이 생긴 것이다.

실제로 얼마 전 한 작품에서, 주요 출연자인 성인 배우와 똑같이 생긴 아역 배우를 두고 시청자들은 어디서 저렇게 똑같이 생긴 아역 배우를 찾았는지 다들 놀라워했다. 그런데 알고 보니 작품 속 아역은 인공 지능AI 기술을 적용해 성인 배우와 똑같은 형상으로 구현해낸 딥페이크deepfake였다. 진보하는 기술력에 의해 똑 닮은 외형은 구축되었을 수 있으나, 과연 연기가 무엇인지에 대한 본질적인 고민과 날카로운 질문을 던지지 않을 수 없다. 언캐니 밸리Uncanny Valley라 불리는 '불쾌한 골짜기' 이론은 인간이, 인간이 아닌 존재를 볼 때 인간과 닮을수록 호감을 느끼다가 어느 순간에 다다르면 거부감과 불쾌한 감정을 느끼는 것을 밝힌 연구이다. AI의 대중화를 지나는 지금, 인간의 슬기로움이 필요한 때이다.

시대가 변하며 등장하는 배우의 형태도, 연기의 방식도, 각자의 접근법도 달라지고 있다. 변화를 영민하게 받아들일 줄 아는 태도와 그 어떤 환경과 상황에서도 굳건하게 자신의 연기를 해낼 줄 아는 유연함과 단단함이 동시에 요구된다. 연기는 나로부터의 시작이다. 배우 안에 있는 많은 것에서 하나씩 가져와 발전시키고 축소하여 쓰는 작업이다. 즉, 배우 자체가 가진 독특성과 특별함, 고유함을 지키는 것도 중요하다. 창의적 예술성, 정교한 기술력과 결합을 이루는 독창성과 능숙함의 조화는 영상 연기를 더욱 빛나게 한다.

2

카메라가 포착한 배우의 얼굴

1) 초기 무성 영화와 클로즈업

카메라를 통해 영상 연기의 정수를 보여주기 위해서는 자신을 연단하는 끝없는 배움과, 예술과 기술의 합이 필요하다. 먼저 '정교한' 카메라 연기를 위해서 굉장히 전문적이며 기능적으로 존재하게 되는 부분도 생겨났다. 더불어 기계와 기술의 특성을 이해하고 활용하되, 그것에 매몰되지 않는 것이 스크린 속 연기 예술이다. 예술과 기술 모두를 아우르기 위해서는 전문적 지식과 소양 및 학문적 이해와 현장에 대한 실질적 이해 및 현장 감각까지 모두 동반되어야 한다. 물론 이러한 부분을 배우고 경험한다 해도, 연기라는 것은 참으로 할 때마다 쉽지 않다. 2023년 개봉한 김지운 감독의 영화 〈거미집〉에서 극 중 영화 제작사 후계자인 미도는 자신이 제작 중인 영화의 여주인공 유림과 대립 관계를 이룬다. 작품을 열렬히 잘 만들고 싶은데, 영화를 대하는 유림의 태도와 연기가 마음에 들지 않은 미도가 급기야 유림 대신 그 역할을 연기해보겠다고 나섰다가 망신을 당한 후, 제작진이 다시 유림을 찾아오자 유림은 미도를 빗대어 '연기 뭐 아무나 하는 건 줄 아나 봐' 한 마디로 일갈한다.

영화에서처럼 연기를 누구나 할 수 있지만 아무나 할 수는 없다. 그저 예술적 관점에서의 연기만 한다고 연기가 완성되는 것이 아닌, 매체 특성을 파악한 기술적 관점의 노련함과 능숙함도 동반되어야 비로소 전문 예술로서의 연기가 구현될 수 있기 때문이다. 연기라는 기본적이고 본질적인 속성은 같을지 몰라도, 영상 연기와 무대 연기는 다른 결을 유지하고 있다. 그렇기에 배우가 작품과 함께 오랫동안 기쁘게 공존하기 위해 매체에 관한 전문적 이해와 훈련이 필요하며 카메라 메커니즘을 이해하는 것 역시 필수이다.

무성 영화로 돌아가 보자. 소리가 없는 무성 영화에서 관객은 자연스럽게 스크린 속의 이미지와 배우의 얼굴 및 신체 표현에 의존하여 작품을 이해할 수밖에 없었다. 그러면서 배우의 얼굴과 표정에 주목하기 시작했다. 초기 무성 영화 시절 클로즈업의 등장으로 우리 삶의 시야는 더욱 확장되고 더욱 심화되었다. 이처럼 영화는 기존 것들의 의미를 되새기게 하거나 새로운 의미를 드러내 보이며 관객을 홀렸고 일상의 통찰까지 우리를 확장시켰다. 초기 무성 영화 시절, 얼굴 클로즈업 기법으로 유명한 영화 〈잔 다르크의 수난La Passion de Jeanne d'Arc, 1928〉은 시종일관 극 중 인물들의 얼굴 클로즈업으로 영화를 이끌어 간다. 스크린 속 얼굴에 드러난 극대화된 내면의 표현은 관객에게 자기 반영성과 동일시를 일으키며 몰입으로 이끌고, 얼굴의 미학적 가능성을 알린다. 클로즈업은 그 외 모든 것을 걷어내고 오직 그것에만 다가가 몰입하게 하는 영화적 특성이다.

　　연극에서 영화로 전환되던 초기 무성 영화 시절을 맞아 자연스럽게 배우의 연기적 변화도 생겨나기 시작했다. 이 변화에서의 주안점은 각 매체 고유의 특성에 대한 깊은 이해로부터의 출발이다. 먼저 극 중 인물로서의 얼굴에 대한 중요성이 대두되기 시작했다. 그러나 무성 영화에서의 연기는 대사 없이도 보다 직접적으로 내용과 감정의 상태 및 내면까지 전달해야 했기에 다소 표현적일 수밖에 없었으며, 상대적으로 과장된 연기를 보여줬다. 익살스러운 얼굴 표정과 과감한 신체 표현으로 무성 영화 황금기를 이끈 찰리 채플린Charles Chaplin의 과장된 표정과 동작은 그 당시 그가 이룬 탁월한 선택이었으리. 무성 영화의 시작과 함께, 배우는 말없이도 관객을 이해시키도록 연기해야 하는 막강한 책임을 부여받는다.[7]

　　이후, 유성 영화 시대가 도래하며 배우의 연기 내에서 신체와 이미지에 집중하던 영화는 언어와 소리의 중요성까지로 확대된다. 소리가 도입된 유성 영화가 나오기 전까지 배우에게 음성은 크게 중요하지 않았다. 그러나 세계적인 영화 제작사 워너 브라더스 Warner Brothers의 생각은 달랐다. 최초의 유성 영화로 잘 알려진 〈재즈 싱어The Jazz Singer, 1927〉에서 주인공의 일부 대사와 노래 부르는 장면 등을 유성으로 촬영하기 위해 신기자재를 도입하고 짜릿한 도전을 감행했으며, 그 결과 관객은 완전히 영화의 소리에 매료되었다. 이후, 유성 영화를 반기지 않던 많은 제작사가 너나 할 것 없이 모두 유성 영화를 기획하며 영화 산업 전체의 판도가 바뀌었고, 바야흐로 영화는 새로운 시대를 맞이했다.

　　물론 무성 영화 시기를 지나 유성 영화로의 돌입은 학자들 사이에서도 영화라는 전통적 가치를 두고 의견이 분분하다. 이 책은 연기, 그중에서도 영상 연기를 조명하여 다루고 있기에 각각의 시기를 마주하며 진행된 연기의 변화에 더 주목하고자 한다. 무대 끝까지 도달해야 하는 의무를 지닌 큰 발성과 큰 동작은 이미 근접해있는 카메라 앞에서 점차 작아지기 시작했다. 초기 무성 영화 시절의 오직 이미지만으로 설득해야 하는 지점에서 발생한 극히 표현적이고 일부 과장된 연기의 형태는 유성 영화 시대로 오면서 점차 섬세하고 사실적인 모습으로 변해간다. 굳이 더 큰 발성을 자랑해야 할 필요도, 과도한 움직임과 표정으로 어필해야 할 이유도 없어진 것이다. 뛰어난 카메라와 기술은 미세한 부분까지도 알아서 낚아채고 담아내기 때문이다.

　　유성 영화의 등장으로 작품 속 인물에 적합한 배우의 음색과 발음, 대사 전달력 등이 얼마나 중요한지를 깨닫게 되는 동시에 우리는 비로소 배우의 대사와 음성에 주목하게 된다. 연기에 있어 얼굴과 신체의 표현을 중시하던 영화가 음성과 대사 소화력도 중시하게 되었다. 작품의 명장면에 이어 명대사까지, 대중과 공유하는 부분 또한 날로 늘어났다. 그런데 여기서 예상치 못한 문제가 발생했다. 별로 듣고 싶지 않은 목소리, 혀 짧은 소리, 말을 더듬거리는 습관 등 무성 영화였다면 문제 될 것 하나 없던 것들이 수면에 드러나기 시작한 것이다. 이제 영화는 외형적 이미지나 신체 표현의 자유로움만이 아닌 연기를 할 줄 알고, 대사까지 잘하는 배우를 찾게 된 것이다. 이것이 본격 영화적 연기의 시작이다.

영화는 결국 작품이 원하는 이미지와 목소리, 부담스럽지 않은 대사 소화력까지 배우에게 요구하는 것들이 더 분명해졌다. 배우의 머리끝에서부터 발끝까지 외면과 내면 전부는 배우 자신의 연기 도구이자 악기이며, 연기 재료이다. 즉 배우라는 직업을 이끌어 갈 단 하나의 도구는 바로 자기 자신이다. 물론 여기에는 외형과 내면뿐 아니라 지성과 이성, 감성 등 모든 것이 해당한다. 그래서 배우는 끊임없이 배우고 단련해야 한다. 신체적, 정서적, 감각적 부분 등 모든 것을 최대한 자유자재로 활용할 수 있도록 자유롭고 유연한 상태를 만들어야 한다.

배우는 지적 경직이 있어도 안 되고 어떠한 것에 큰 편견이 있어도 안 된다. 감각적 장벽이 있어도 안 되며 감각적으로 둔감해도 어렵다. 그 무엇의 제약도 받지 않으며, 그 어떤 것에도 제한되지 않을 것들을 많이 장착할수록 연기하기 유리해진다. 그런데 이 유일하고도 가장 대단한 도구인 자신을 아무렇게나 방치하거나 내던지는 것은 얼마나 어리석고 놀랄 일인가. 자신을 건강하게 가꾸고, 잘 채우고 잘 비우는 것이 연기를 이끄는 동력이다. 배우 자체가 곧 호소력이다.

영화사에 길이 남을 업적을 남긴 앨프리드 히치콕Alfred Hitchcock 감독은, 가장 훌륭한 배우란 아무 연기도 하지 않는 것을 가장 잘 아는 배우라고 꼬집은 바 있다고 한다. '연기하지 않음의 미학'을 명확히 표현했다. 무성 영화와 유성 영화를 아우르며 독보적인 배우로 자리하던 그레타 가르보Greta Garbo는 영화 〈퀸 크리스티나Queen Christina, 1933〉의 마지막 장면에서 아무것도 하지 않은 연기를 선택했다. 영화사에서 두고두고 회자되는 마지막 장면에서 배우는 특별한 무언가를 하지 않는다. 비운의 운명을 지닌 채 스웨덴을 떠나는 여왕의 심경이 얼굴과 눈빛에 고스란히 담겼을 뿐, 이상의 무언가를 하지 않았다. 그리고 그저 멀리서부터 배우의 얼굴에 근접하여 다가오는 카메라가 있을 뿐이다.

오늘날이야 익숙한 방식이며 표현 기법이 되었지만, 그 시절 이러한 장면은 여러모로 획기적이었다. 이는 배우의 얼굴 클로즈업이 획득한 놀라운 행보이며 적극적 장치이기도 하다. 화면은 오직 확대된 인물 클로즈업 얼굴만으로 가득 채워졌으며, 그 장면을 마주하는 관객은 작품의 감정과 의미를 더 가까이 되새기며 꽤 오래 능동적 사색으로 빠져든다. 그렇다. 어쩔 수 없이 얼굴은 인물의 내면과 정서, 감정이 드러나는 가장 정직한 거울이다. 벨라 발라즈Bela Balazs는 영화만큼 '사물의 얼굴'을 드러내는 임무를 부여받은 예술은 없다고 말했다.[8] 배우는 작품 안에서 감동의 대상이 되기도 때로 혐오의 대상이 되기도 하며, 이유 불문 가장 큰 갈망의 대상으로 존재한다. 감동과 혐오의 대상이 되든 갈망과 욕망의 대상이 되든, 기왕이면 훌륭한 연기력을 바탕으로 관객과 마주하기를 기대한다.

2) 미세한 표정 표현[9]

앞서 언급한 영화 〈퀸 크리스티나〉의 마지막 장면은 영화사에 길이 남은 명장면 중 하나이다. 특별한 대사나 연기를 하지 않은 채 배우의 얼굴에 집중하여 미세한 표정을 들여다보게 하는 힘이 있다. 오롯이 여왕의 심경을 담은 얼굴을 관객에게 그대로 전달하면서 배우의 얼굴만으로 관객은 영화를 온전히 받아들이게 된다. 우리는 여기서 오로지 작중 인물로 존재한 얼굴의 당위성을 발견한다.

영화의 출발과 함께 시작된 새로운 결의 연기, 그것이 영상 연기다. 귀가 아닌 눈이 이해하는 말, 무성 영화에서는 얼굴 표정이 곧 배우의 말이었다.[10] 영상 연기에의 이해는 여기서부터의 출발이다. 왜 영상 연기를 이야기할 때 얼굴과 표정, 이미지가 자꾸 언급되는지 충분히 이해되었으리라 본다. 그렇다면 이제 배우의 얼굴에 관한 학자들의 논의로 거슬러 가보자. 헝가리 영화 이론가 벨라 발라즈는 영화가 획득한 클로즈업을 극찬하며 미세한 표정 표현을 조명했다. 게오르그 짐멜Georg Simmel은 얼굴과 눈의 운동성을 언급하며 얼굴의 미학적·조형적 통일성을 설파했다. 자크 오몽Jacques Aumont은 배우의 얼굴이 갖는 이중성을 언급했다. 배우 본연의 얼굴인 자신과 극 중 인물이라는 타인의 얼굴이 묘하게 공존하는 곳, 그것이 바로 배우의 얼굴이다.

　　배우는 대부분 자신의 낯선 얼굴을 드러내 보이길 희망한다. 많은 감독도 그간 그 배우에게서 누구도 찾아내지 못한 새로운 얼굴을 자기 작품에서 선보일 수 있길 바란다. 그만큼 영상 연기에서 얼굴이라는 공간은 특히 중요한 부분으로 다가온다. 회화나 사진에서 멈춰있던 얼굴이 영화로 인해 살아 움직이게 되었다. 이제 움직이는 얼굴에서 행간을 읽는 것이 가능해졌다. 바로 영상 연기의 매력이자 큰 가능성이며, 이로 인해 확장된 영상 연기의 고유한 영역이기도 하다.

　　아쉽게도 무대의 특성상 우리는 연극에서 얼굴의 행간까지 읽기는 아직 어렵다. 우선 얼굴이 정확히 잘 보이지 않는다. 아무리 가장 좋은 자리에서 혹은 가장 가까운 객석에서 관람한다고 하더라도 인간의 눈으로 더 정확히 더 가까이 들여다보는 것은 한계가 있다. 아마 계속 발전하는 기술과 기계의 힘을 빌려 카메라의 눈으로 들여다본다면 연극에서도 가능한 일이다. 행간을 읽을 정도면 얼마나 섬세하며 또 얼마나 극대화돼야 하는가. 스치는 눈빛과 미세하게 흔들리는 동공까지 목도할 수 있는 것은 카메라의 등장으로 더 적극적으로 확대하여 볼 수 있고, 더 강조해서 보여줄 수 있기에 비로소 가능한 일이 되었다. 그래서 배우의 얼굴은 대체로 연극보다 영화나 드라마에서 더 중요한 기능을 담당하고 있다.

실제 인간이 살아가면서 타인의 얼굴을 모공 하나, 미세한 주름 하나까지 볼 일이 얼마나 있겠는가. 그렇게 타인의 얼굴에 근접할 일이 생각보다 별로 없다. 정말 친밀한 관계가 아니고서야 타인의 얼굴에 그 정도로 가까이 접근하기가 불가능하다고 하는 게 더 맞는 표현일 수도. 그런데 최첨단 발전을 이룬 기계와 기술, 카메라와 영상의 도입으로 관객과 배우의 거리는 가까워졌다. 작은 화면이든 큰 화면이든 배우와의 심적 거리가 친밀해진 만큼 얼굴도 더 가까이 들여다본다. 내 손안에, 내 눈앞에 거침없이 둘 수 있게 되었으니 말이다.

초기 무성 영화 시절, 배우의 얼굴과 표정이 주목받기 시작했다. 대사가 없는 무성 영화에서 말은 곧 배우의 얼굴에 자리한다. 관객은 얼굴이라는 가시적 공간에 드러난 비가시화를 통해 작품을 깊이 느끼고 이해하게 된다. 앞서 언급한 〈잔 다르크의 수난〉은 영화 대부분을 클로즈업으로 이어간다. 격렬한 감정과 내면 가득한 투쟁을 클로즈업으로 끌어올려 선사한 장면들은 대사 없이도 영화를 힘있게 이끌어 간다.[11] 카메라라는 매개는 이처럼 일상과 새로운 것에 대한 통찰과 지각을 심화하였다.

미국의 영화감독 그리피스는 최초의 클로즈업을 탄생시키며 셔레이드charade라는 매혹적 표현 기법을 획득했다.[12] 일전에 포터가 제시한 근접 샷으로부터 인물의 표정에 주목하여 얼굴 클로즈업의 적극적 성취를 이루었다. 영화의 셔레이드는 텅 빈 눈동자, 지그시 깨문 입술, 불끈 쥔 주먹, 떨고 있는 다리 등 정곡을 찌르는 '무언의 힘'을 지닌다. 비언어적 표현인 인간의 얼굴과 신체를 함의하며, 연기 스타일에도 변화를 가져왔다.

　　무성 영화를 통해 배우는 언어라는 대사에 의존하지 않고, 말없이도 관객을 이해시킬 수 있는 또 다른 연기의 의무를 부여받았다. 무성 영화로 대두된 비언어적 연기 요소의 중요성, 그 중심에 내면과 서사를 지닌 얼굴이 있다. 얼굴 클로즈업을 통해 관객은 인물의 내면에 더욱 다가서게 된다. 짐멜은 인간의 영혼이 명백히 드러나는 얼굴을 조명하며, 눈에서 절정을 이루는 눈의 운동성까지 강조했다. 이처럼 인간의 얼굴은 인간의 영혼, 정신, 인격, 감정, 마음 등 내면의 비가시적인 것들이 드러나는 감출 수 없는 가시적 공간이다.

　　일찍이 벨라 발라즈가 주장한 것처럼 영상 연기에서 얼굴의 미세한 표정 표현과 눈빛 연기의 중요성은 마땅히 논의되어야 할 부분이다. 그러나 그냥 표정 표현이 아닌 굳이 '미세한'을 덧붙여 강조한 발라즈의 의도를 짐작해본다면 그는 아마 어떠한 표정을 표현해내야 한다는 강박이나 작위 또는 억지가 아닌, 인물로 집중한 상태에서 자연적으로 내면으로부터 흘러나오는 미세한 것을 보고 싶다는 의지가 아니었을까 생각해본다. 마치 그것이야말로 영화 연기에 가장 적합하다는 것을 강조하고 싶었던 것처럼.

　　어느 배우는 천의 얼굴을 지녔고, 어느 배우는 단조로운 두 개의 얼굴밖에 없다면 당신은 누구를 택하겠는가. 누구의 얼굴을 더 궁금해하겠는가. 관객은 늘 배우에게 새로운 얼굴을 기대한다. 그런데 사실 배우도 그동안 보여주지 못한 새로운 얼굴을 보여주기를 늘 갈망한다. 가장 강력하게 새로운 얼굴을 욕망하는 건 어쩌면 배우다. 그러한 욕망이 우리 모두에게 있는 것이다. 그것이 곧 더 큰 가능성이고, 그 배우가 지닌 다양한 스펙트럼이기도 하니까. 배우의 눈은 때로 너무 깊어 마주할 수 없을 만큼 많은 것을 담고 있기도, 때로 알 수 없을 만큼 텅 빈 눈으로 관객을 응시한다. 그렇게 마주한 얼굴과 눈을 통해 관객은 작품 속으로 더욱 빠져든다.

배우의 중요한 역할은 작중 인물의 감정과 생각을 관객에게까지 고스란히 전달하는 일이다. 이를 위해 작품을 분석하고 인물을 구축하며 다양한 표현법을 획득한다. 이 과정에서 듣고 느끼는 것은 아주 중요하다. 그런데 이는 단지 귀로만 듣는 것을 의미하지는 않는다. 더 정확히는 모든 감각을 열라는 의미다. 직관적으로 아는 것, 배우고 경험해서 체득한 것, 감성적으로 인식한 것 등 모든 것이 이에 속하며 촉각과 체취와 걸음걸이까지 구상할 수 있는 상상력이 가동되어야 한다. 이처럼 연기를 구성하는 요소는 무수히 많다. 좋은 연기를 위해 갖춰야 할 자질도 다양하다. 그런데 해당 장에서 다루고 있는 것처럼 어쩌면 인간의 가장 복잡한 심리는 얼굴과 눈을 통해 가장 직관적으로 발현되지 않을까.

우리는 어렴풋이 느껴지는 얼굴의 미세한 표정으로도 상대의 기분을 파악할 때가 많다. 눈빛에 스치는 미묘한 감정을 동물적으로 직감할 때가 있다. 그 사람에게서 풍기는 분위기와 인상, 느껴지는 이미지만으로도 그의 삶을 추정하거나 지금의 상태를 짐작할 수 있다. 꼭 굳이 무언가를 말하지 않았는데도 말이다. 말로 다 표현할 수 없는 그 무언가를 즉각적으로 드러낸 얼굴의 분위기와 안색만으로 충분히 감지할 수 있다. 바로, 평범한 얼굴이라는 공간이 지닌 비범함이 마침내 드러나는 순간이다.

3) 얼굴 미학

미국의 심리학자이자 보디랭귀지body language 연구의 선구자인 앨버트 메라비언Albert Mehrabian 교수는 인간의 메시지 전달에 있어 말로 전달되는 언어적 요소가 차지하는 비중은 약 7퍼센트이며 나머지 93퍼센트는 비언어적 요소로 이루어진다고 하였다. 주로 설득이나 호감의 기술에서 자주 언급되는 해당 이론은 인간의 커뮤니케이션이 결국 말이 다가 아니며 그보다 더 중요한 무언가가 있다는 것을 알려준다.

실질적으로 배우가 연기를 할 때도 언어적 표현인 말보다 비언어적 표현이 갖는 중요성이 더 클 때가 많다. 특히 영상 연기에서 얼굴이라는 공간의 표정 연기는 주요하게 다룰 부분이다. 얼굴은 근육의 아주 작은 움직임, 미세한 떨림으로도 아주 강력한 효과와 역동성을 발휘한다. 카메라가 기가 막히게 포착한 배우의 눈에 비친 결정적 순간들의 표현은 작품을 관통하며 관객을 이끈다. 배우의 얼굴은 때로는 적나라하게 때로는 은밀하게 오롯이 그 인물이 되어 관객에게 스며든다. 압도적 섬세함과 민감함으로 인간의 눈이 파악할 수 없는 것을 포착하는 카메라는 강렬한 방식으로 인간과 사물의 얼굴을 드러낸다. 기억해야 할 것은 억지로 표정을 표현하기 위해 얼굴을 만들지 마라. 그 이전에 차라리 자신의 마음 상태와 정서 또 신체를 인물의 현재 상태에 맞게 운영해라. 그 감정과 분위기가 자연스럽게 표출되도록. 이를 위한 가장 쉽고 빠른 방법은 역시 몰입이다.

카메라 앞에서 억지로 무언가를 하려고 할 필요가 없다. 그저 미묘한 감정 교류를 느끼고 진실한 눈으로 있으면 된다. 그것이 자연스럽게 얼굴에 묻어나는 것만으로 큰 울림이 있다. 벵자맹 주아노Benjamin Joinau는 그의 저서를 통해 '정신적인' 오브제로서의 얼굴을 주목했다. 그 어떤 실재도 뛰어넘는 내면의 획득이 얼굴에 자리하는 것이다. 비가시적인 내면의 표현을 담는 그 어떤 것보다 강력한 도구가 바로 얼굴과 표정이다.

말의 의무를 묵묵히 담당하는 얼굴로 관객을 납득시키고, 또 말의 의무와 함께 극적 긴장감과 해방감을 더욱 고조시킨다. 관객은 배우의 얼굴에 나타난 그 결정적 순간을 함께 경험하며 극적 환상을 맞이한다. 영혼과 내면 등의 비가시성이 보이는 얼굴에 가시적 언어로 새겨진다. 카메라의 등장으로 관객은 스크린을 통해 아주 생경하고 이질적인 부분을 마주하기도, 밀접하게 닿아있는 동질감을 경험하기도 한다. 배우는 매우 명확한 얼굴을 드러내 보이기도, 해석의 여지가 많은 얼굴로 관객을 현혹하기도 한다.

발터 벤야민Walter Benjamin은 카메라맨operateur을 수술을 통해 환자 내부 깊숙이 파고 들어가는 수술 집도의에 비유했다.[13] 카메라맨은 카메라를 들고 배우, 즉 인물 내부까지 비추며 적극적으로 침투하여 내면을 기어코 드러내기 때문이다. 물론 필요하다고 판단되면 멀리서 보는 것을 선택하는 순간도 있다. 그러나 그것마저도 내부를 드러내는 또 하나의 다른 방식일 것이다. 이처럼 내면의 영혼까지 가시화할 수 있는 얼굴이기에 얼굴이라는 공간은 배우의 주요 자질이 될 수 있다. 그런데 이것을 종종 많은 이들이 얼굴의 생김새로 오해한다. 더 적극적으로 오해한다면 오로지 예쁨과 멋짐으로 국한한다. 우리는 화면을 통해 종종 주름도, 그 어떤 꺼짐도 찾아볼 수 없는 그저 빵빵한 얼굴을 보게 된다. 심지어 웃음과 울음조차 구분되지 않으리만큼 어색한 인위적 얼굴을 발견할 때가 있다.

그것이 연기와 관련하여 문제가 되는 것은 다름 아닌 미세한 표정 표현을 할 수 없기 때문이다. 억지스러운 부분의 발현으로 연기는 납작해지고 그 어떤 여운도 줄 수 없다. 인간의 얼굴은 곧 한 인물의 역사이고 삶 그 자체다. 연기를 하고자 한다면 얼굴에 고스란히 묻어난 세월과 깊이가 주는 묵직함을 결코 가벼이 여겨서는 안 된다. 삶이 언제나 평탄하지 않은 것처럼 인간의 얼굴도 언제나 평평할 수 없다는 것이 진리이다.

배우의 얼굴은 그저 젊음과 멋짐만을 좇는 것에서 비워져 그 안에 시대와 역사를 그리고 삶을 고스란히 담아낼 수 있어야 하며, 관객도 기꺼이 그것을 포용해줄 여유를 갖춘다면 이 얼마나 아름다운 그림인가. 서로가 서로에게 늙으면 늙었다고, 주름이 보이면 주름졌다고 난리인 다소 야박한 세상에서 책임감 있게 개성 있고 자연스러운 얼굴을 드러낼 줄 아는 용기가 배우에게도 있기를, 또 그것을 넉넉하게 용인할 줄 아는 책임이 관객에게도 있기를 바란다. 그렇지 않다면 우리는 이내 각자의 개성과 매력 혹은 주름도 다 사라진, 똑같은 생김새가 주는 빈약한 인물만을 보게 될 것이다. 일률적이지 않아 생생한 연기로 진짜 희열을 느끼는 것이 우리가 작품을 통해 상생하는 길이다.

눈은 마음의 창이며, 얼굴은 한 사람의 인생이 거친 흔적이요, 그 깊이이다. 일상의 고단한 삶 가운데 평안의 깊이가 느껴지는 얼굴에서 오는 묵직한 감동과 위로가 있다. 물론 예쁜 얼굴에서 얻는 요즘 말로 안구 정화와 같은 즐거움도 있다. 그러나 배우의 얼굴은 똑같은 형태의 인형같이 예쁘기만을 거부할 필요가 있다. 인생의 서사가 없는 얼굴이 주는 메시지가 과연 얼마만큼 크고 깊을 수 있으며, 얼마나 울림을 줄 수 있겠는가. 배우의 얼굴이 작품에 인물로 오롯이 존재하며 미세한 표정 표현으로 장면을 압도하는 것. 그것이 얼굴의 표현력이며, 그것이 배우에게 요구되는 바이다.

물론 영상 매체에서 얼굴의 생김새가 아예 상관없다고 말할 수는 없다. 영상이라는 것은 대표적 시각 매체이자 이미지의 예술 아닌가. 작중 인물을 나타내기에 상대적으로 더 적합한 얼굴과 신체, 이미지와 분위기가 있을 수 있고 제작진도 그 인물을 찾게 된다. 결국 여기서 말하고자 하는 것은 우리네 인생에 등장하는 수많은 인간 군상처럼 작품 속 인물도 그러하니, 말할 수 없이 풍성하고 다양한 천의 얼굴을 드러내 보일 수 있는 얼굴이라는 공간을, 생김새라는 편협함과 빈약함으로만 부디 국한하지 말기를 당부하는 것이다. 이유를 불문하고 작품에 오롯이 인물로 존재한 그대의 얼굴이 누군가에게 닿아 공명하는 것, 기쁘지 아니한가. 이처럼 배우의 연기가 작품 안에서의 임무를 다하고, 작품 밖으로까지 더욱 많은 이들에게 향유되기 위해 매혹과 잔혹까지 자유롭게 넘나들기를 기대한다.

2023년 말, 찰스 3세 영국 국왕이 한 만찬에서 한국을 가리켜 봉준호와 〈오징어 게임〉과 BTS를 보유한 나라라는 의미로 우리의 높은 문화 수준을 언급한 바 있다. 실제 한국의 우수한 대중문화 예술은 국격을 높이는 역할을 감당할 만큼 정상에 올랐다고 자평할 수 있다. 최근 시즌 2 제작 소식을 알린, 2021년 공개된 한국 드라마 〈오징어 게임〉은 전 세계의 뜨거운 사랑을 받으며 다양한 화두를 던졌다. 수많은 기록을 세우며 그야말로 문화와 언어의 장벽을 모두 뛰어넘었다. 한국 영상 콘텐츠의 행보가 가히 압도적인데, 작품이 주목받는 여러 요소 가운데에는 배우와 그의 연기도 주요 요소로 존재한다.

분명 사회적, 문화적 차이가 있음에도 어찌하여 세계인은 말도 통하지 않을 〈오징어 게임〉에 이토록 열광하는가. 우리에게는 익숙한 놀이와 문화이지만 그들에게도 그것이, 그 뉘앙스가 모자람 없이 전달될 수 있는가. 〈오징어 게임〉 역시 각국의 언어로 번역, 전송되며 작품 안에서 약간의 의미상 차이가 발생할 수 있다. 그러나 혹여 언어는 그럴지 몰라도 작품 속 그 얼굴만은 세계 어느 나라에서도 온전하다. 모든 인간이 지닌 보편적 감정이 게임과 상황을 마주한, 또 인물 간의 심리 추측 및 삶과 죽음의 기로에 선 인물의 결정적 순간을 얼굴을 통해 여과 없이 드러낸다. 특히 서바이벌 데스 게임survival death game을 그린 작품의 특성상, 극도의 긴장과 심리적 표현은 연기적 측면에서도 대사에만 의존할 수 없는 지점이 존재한다. 그 틈을 메우는 것이 바로 배우의 얼굴, 특히 클로즈업된 얼굴이다.

해당 작품은 인간의 본성을 다룬 작품이기에 인물의 깨달음과 선택의 순간, 강렬한 감정의 찰나를 주로 담아내며 극을 풍성하게 한다. 물론 이는 해당 작품에만 국한된 것은 아니며 대부분의 영화나 드라마가 갖는 특성이기도 하다. 다양한 인간 군상을 그린 〈오징어 게임〉 속 인물은 각자 수많은 얼굴을 내보인다. 굳이 다 말하지 않아도 혹은 말이 통하지 않아도 세계의 관객은 작품이 의미하는 바와 그 감정을 함께 공유한다. 죽고 죽이는 게임을 앞에 둔 복잡한 인간성을 각각의 얼굴이 대변한다. 얼굴이 지닌 주름의 깊이, 텅 빈 눈동자 혹은 떨림, 미세한 근육의 움직임이 극의 서사를 더욱 탄탄하게 하고 인물을 견고히 하며 작품에 풍성함을 더한다.

배우의 얼굴은 곧 작중 인물의 얼굴일 때 가장 아름답다. 영화 〈소년 시절의 너Better Days, 2019〉는 배우의 얼굴 클로즈업이 유독 많다. 한 인터뷰에서 증국상曾国祥 감독이 말하길, 배우의 얼굴 가까이 근접할수록 얼굴의 미묘한 뉘앙스를 포착해낼 수 있어 본질적인

면을 발견할 수 있다고 밝혔다. 청춘의 초상을 배우의 얼굴로 끌어올린 영화적 감흥 덕분에 스크린에서 눈을 뗄 수 없다. 이처럼 작품 속 인물의 얼굴과 관객 사이에 언어보다 더 강력한 비언어 커뮤니케이션이 창출되는 것, 그래서 굳이 말없이도 영상은 전 세계로 나아가 인류 보편의 언어로 자리할 수 있는 야무진 기능을 갖는다.

꼭 영화나 드라마가 아니더라도 SNS 역시 저마다의 자극적인 얼굴과 신체 클로즈업이 난무한다. 클로즈업이 넘치는 시대이다. 엔딩 요정 클로즈업이라는 말은 왜 있겠는가. 순식간에 가장 강력한 무언가를 던질 수 있는 것이 얼굴이고 표정이다. 시각 매체에서 사람이든 사물이든 어떤 오브제든 클로즈업의 효과가 너무나도 강력하다는 것을 아는 감독은 배우의 얼굴에 적극 개입하고 관여하여 극적 성과를 이루기도 한다. 특히 광고는 스타의 얼굴 나열만으로도 영상이 완성된다. 그러나 말 그대로 광고이고 홍보이니 대놓고 가능한 일이다.

그 가운데서도 예술가는, 전문가는, 관객은, 표면에 집중하는 것에 그치는 것이 아닌 작품을 통해 심연을 들여다볼 줄 아는 안목과 통찰력을 갖춘다면 좋을 것이다. 오히려 얼굴 클로즈업의 효과가 있다는 것을 잘 알기에 작품을 창작할 때 그것에 인색하거나 더 기피하는 경우도 있다. 작품의 메시지를 전달하는 가장 강력한 매개는 배우이다. 배우 각자의 매력과 개성, 배우 고유의 분위기와 이미지를 잘 지켜나가며 그대만의 향을 내고 그대만의 색깔로 연기하길 바란다. 용기를 가지고 정형화로부터의 탈피를 꾀하자.

3

현장의 이해

1) 현장성과 즉흥적 감각(즉각적인 연기)

불연속적인 촬영 현장에서 상상력에 힘입어 무서운 집중력과 내공, 잠재력, 가능성을 증명하는 것은 배우의 몫이다. 영상 연기의 현장성과 즉흥적 감각 또한 간과할 수 없다. 바쁘게 돌아가는 현장에서 시시각각 바뀌는 상황과 환경에 대해 빠른 적응과 집중력 강한 몰입을 끌어내야 한다. 특히나 영상 작품의 촬영 현장은 겪어보지 않으면 모를 부분투성이다. 해가 지기 전, 촬영을 끝내거나 해가 뜨기전, 촬영을 끝내야 하는 경우들이 있다. 이동 거리와 시간을 최소화하여 동선을 정해야 할 때도 있다. 어떨 때는 하염없이 대기하는 무한 기다림의 연속이다. 그렇기에 연기에 있어 지혜로운 에너지 조절과 힘의 분배가 필수다. 촬영장의 생생한 현장성과 치열함을 감안하여 볼 때 종종 즉흥적 감각이 매우 필요하다. 즉흥에 대비하는 강력한 능력과 성질 말이다. 예상치 못한 상황은 언제든 발생할 수 있다. 물론 늘 제작팀에서 이를 대비한 대책을 준비해놓기에 빠르게 이를 극복할 수 있으나 그러지 못할 경우도 있지 않은가.

여기서의 즉흥적 감각은 무분별한 애드립을 말하는 것이 아니다. 현장에서 꼭 필요한 상황에 적절하고 탁월하게 발휘되는 능력을 말한다. 연극과 다르게 영상 연기 현장은 이러한 부분을 늘 고려해야 한다. 보편적으로 무대는 약속한 공간과 시간에 약속된 연기를 펼치는 것에 익숙하다. 무대 위 공연이 시작되면 배우는 시간의 흐름에 따라 연속되는 사건과 인물을 연기하고, 비교적 가변성이 적다. 그에 비해 촬영 현장은 가변성이 크다.

먼저 연기를 위해 들어서는 공간 자체가 처음일 경우도 비일비재하다. 날씨는 또 어떠한가. 시시각각 변하는 날씨는 연기에 영향을 끼치기 충분하다. 유동성이 큰 촬영 대기 시간은 때로는 준비가 덜 된 채로 카메라 앞에 서게 하기도, 때로는 긴 기다림 속에서 가장 힘든 상태로 카메라 앞에 서게 되기도 하는 변수로 작용한다. 영상 작업의 현장에서 배우는 정해진 스케줄에 따라 내용의 연결이나 연기의 연속, 시간 경과와 상관없이 연기할 것을 주문받는다. 그래서 언제나 배우는 작품 전체의 흐름을 잘 파악하고 있어야 하며 그 장면의 쓰임새와 앞뒤 연결 및 맥락을 이해하고 그런 것쯤에 자신의 연기가 구애받지 않도록 준비되어 있어야 한다. 배우 스스로 인물의 동작과 감정의 연속성을 기억하고 기민하게 끌어내 연결할 줄도 알아야 한다. 현장이 계획한 것 혹은 상상한 것과 다르다고 배우가 연기를 못 하거나 안 할 수 있는 문제가 아니다. 충분한 커뮤니케이션을 바탕으로 주어진 모든 상황 대비 가장 좋은 장면으로 나아가는 것이 현장에 있는 모두의 목표이기 때문이다. 각자의 자리에서 철저한 준비와 조사를 마쳤어도 촬영 현장은 이처럼 늘 예상치 못한 상황에 놓일 때가 있다. 그럼에도 불구하고 배우의 연기는 지속되어야 하기에 즉흥적 감각의 발휘는 중요하다.

왕가위王家卫 감독은 〈열혈남아旺角卡門, 1988〉 촬영 당시, 촬영 계획표를 만들고 현장에서 잘 준비된 상태를 유지하는 히치콕 감독을 언급하며 자신은 히치콕처럼 될 수 없음을 현장에서 이미 깨달았다고 언급한 바 있다.[14] 이유인즉슨 실제 촬영 현장은 언제나 혼돈과 무질서, 예상치 못한 문제투성이기에 자신은 애초에 계획을 구상하는 행위 자체에 신뢰가 없고, 그러므로 연출을 할 때도 즉흥 연출을 한다고 말했다. 꼭 대단한 연출이나 준비가 아니더라도 당시 현장의 느낌과 감각에 몰입하여 의지하는 부분이 있다고 해석할 수 있다. 각각의 연출 방식의 다름을 옳고 그름이라는 이분법으로 이해할 필요는 없으며, 즉각적이고 즉흥적인 감각 발휘가 필요한 부분이 있다고 기억하는 것이 더 합당해 보인다.

덧붙이자면 그는 배우 캐스팅에서도 순전히 본능, 그게 무엇이든 간에 자신에게 영감을 주는 배우를 선택한다고 밝혔다. 작품에 맞게 구상하고 예비하는 캐스팅이 왜 없겠냐마는 그만큼 그 순간 찰나의 영감과 느낌이 중요하다는 뜻 아니겠는가. 인상적인 장면을 남긴 배우를, 마음이 이끄는 대로. 영화 연구자이자 작가인 데이비드 디머David Deamer는 인물들의 충동은 즉각적 행위로 나타난다고 하였다. 내부로부터 행동으로 이어지는 즉각적 연기가 가능하게 하는 충동이 연기에는, 특히 즉흥 연기에는 더 필요하다. 학생들을 가르치다 보면, 하나를 가르쳐주면 하나만 하는 학생이 있다. 물론 가르쳐 준 그 하나를 잘 해내는 것도 참 대견한 일이다. 그것 역시 칭찬 받아야 마땅하지만, 하나를 가르쳤는데 그다음까지 확장하거나 상상해내는 학생도 있다.

스스로를 제한하지 마라
능동적으로 상상해라

연기 교사의 임무 중 하나는 학생들이 자질과 잠재력을 발휘할 수 있도록 돕고 이끄는 것이다. 연기는 가상의 상황에서의 자극에 대한 반응이다. 그래서 상상력이 필요하고, 그것을 실제로 믿을 수 있는 가장 솔직하고 단순한 몰입이 중요하며, 풍부한 표현력도 겸비해야 한다. 판에 박힌 틀 안에서 연기하는 것으로는 한계가 있다. 연기에 있어 능동성과 주체성은 매우 중요하다. 즉흥적 감각의 발화를 위해 모든 가능성을 열고 모든 감각도 열어라. 비로소 연기에 자유로움을 덧입게 된다.

무대는 주로 희곡에서의 시간의 순서대로 인물의 감정선과 사건이 이어진다. 말 그대로 책에 쓰인 순서대로 배우는 연기를 하게 된다. 그러나 영화 및 드라마 촬영 현장은 그렇지 않다. 예로, 오늘 3부 엔딩씬을 촬영하다가 내일 1부 첫 장면을 찍기도 하고, 사망 장면을 먼저 촬영하고 살아생전 장면을 찍기도 한다. 오늘 촬영한 결별 장면을 한 달 후에 이어 찍을 경우도 생긴다. 모두 배우에게 고도의 집중력과 몰입, 즉흥적 감각을 요구하게 되는 상황이다. 촬영이 진행되는 최소 몇 달 동안 배우는 모든 등장 장면의 감정선과 사건의 흐름, 자신이 연기한 부분들의 연결과 에너지의 정도를 기억하고 연기로 현출할 수 있어야 한다.

　　이처럼 배우는 매 순간 분절된 상황으로 던져지기에 자신이 맡은 인물에 대한 중심을 스스로 지켜낼 줄 알아야 하고, 열정에 취해서만 연기하는 것을 경계할 수도 있어야 한다. 여러 변수를 염두에 둔 현장성을 늘 기억하고 배우가 발휘할 수 있는 즉흥적 감각과 능력을 최대한 발산하여, 연기의 질을 높이고 현장과 조화를 이루는 아름다운 힘을 발휘하는 것, 배우의 숙제이기도 하다.

　　연기에 있어 타고난 자질과 탁월한 감각도 중요하지만, 직접 경험하고 배워서 익히게 된 기술과 연륜도 필요하다. 배우는 분석할 수 있는 차가운 머리와 그 자체로 느껴지는 따뜻한 가슴이 있어야 한다. 배우에게 인간의 본성을 꿰뚫는 통찰력만큼이나 중요한 것이 감성, 이성, 지성의 동반이다. 하나만 강조하기에는 부족하다. 열거된 것 말고도 논의되어야 하는 부분들은 차고 넘친다. 그래서 배우는 배운다. 판을 깨고 틀을 바꾸는 영역에 들어서라. 그리고 내재한 잠재력과 가능성, 탁월함을 마음껏 발휘해라.

2) 후시녹음과 동시녹음

얼마 전 한 방송 프로그램에서 배우 박중훈이 영화에서 후시녹음과 동시녹음을 모두 경험했던 소회를 밝힌 적이 있다. 동시녹음은 말 그대로 현장에서 연기하는 그대로 대사나 소리가 영상과 함께 녹음되어 촬영과 동시에 녹음도 함께 이루어지는 것이다. 당연히 현장성이 높고 자연스러운 형태로 유지된다. 촬영 현장에서 스태프들이 촬영 직전에 늘 '조용'을 외치며 현장 소리를 통제하거나 조정하는 경우를 볼 수 있다. 이것은 동시녹음 되고 있는 현장에서 가장 필요하고 중요한 소리만 담고, 영상의 완성도를 방해하거나 떨어뜨리는 요소들을 차단하는 사전 준비 중 하나일 것이다.

그런데 사실 오픈된 공간에서 이 소리 하나하나를 모두 통제하기는 현실적으로 어렵다. 그래서 촬영 중에 같이 들어오는 소음을 최대한 차단하기 위해 오토바이나 비행기가 다 지나가기를 기다리다가 촬영을 이어가기도, 멀리서 들려오는 종소리의 정체가 무엇인지 찾아 나서기도 하는 상황이 발생한다. 가장 조용한 찰나의 순간에 좋은 장면을 촬영하기 위해 배우들 역시 늘 빠른 몰입이 가능한 상태와 집중력을 유지하고 상황을 정확히 주시하는 태도를 지니게 된다. 그래서 현장은 가장 유연한 태도를 요구하는 동시에 긴장의 끈을 놓을 수 없는 곳이기도 하다.

후시녹음은 영상이 촬영되고 편집된 후에 영상을 보며 대사를 그 그림 위에 씌우는 방식이다. 이때 화면을 보고 입을 맞추는 과정에서 부자연스러움이 도출될 가능성이 크다. 또 아무리 대단한 배우더라도 현장에서만 느낄 수 있는 그 현장감과 그때 느꼈던 그 감정을 다시 고스란히 대사에 담아내기 아쉬운 지점이 발생할 수 있다. 전혀 다른 공간에서 현장과 똑같은 연기를 내보이기 쉽지 않으니 말이다. 그런데 이점도 있다. 대사의 아쉬움을 보완하는 수단이 되기도, 바쁜 현장에서 미처 잡아내지 못한 소음이나 오류를 발견하고 이를 수정할 수 있는 좋은 대안이 되기도 하며, 편집의 단계에서 아쉬움이 남는 부분을 후시녹음으로 좀 더 완벽하게 보완하여 완성할 가능성도 크다. 잘만 활용하면 작품을 더욱 풍성하게 하는 요인으로 작동하기에 실제로 현대에 와서는 이를 위해 후시녹음을 하는 경우가 대부분이다.

2024년 초 개봉한 영화 〈외계+인 2〉의 최동훈 감독은 제작 보고회에서 가편집본을 150번 이상 시청하며 여러 실험을 하며 장시간의 후반 작업을 했노라고 소회를 밝혔다. 매체와의 인터뷰에서도 편집 과정에서 배우들에게 수차례 후시녹음을 부탁한 일화와 대사 교체 과정을 언급한 바 있다.[15] 이미 본 촬영이 끝나고 후반 편집 과정에서 영상을 이렇게도 저렇게도 붙여봤다가 또 대사를 이렇게도 저렇게도 다시 해보며 더 나은 방향을 위해 심혈을 기울인 과정으로 추측할 수 있다. 여기서 우리는 영상과 영상 연기의 특성을 또한 번 발견하게 된다. 이처럼 편집과 후시녹음 등의 후반 작업은 영상 작업의 '끝날 때까지 끝난 게 아닌' 백미를 경험하게 한다.

1970년대까지도 우리의 현장은 후시녹음이 일반적이었다. 그래서 그 시절 성우는 지금에 비해 매우 많은 작품에서 연기를 이어갔고 실제로 성우의 연기력이 중요하게 평가받기도 했으며, 성우 출신의 배우도 많았다. 이후 동시녹음이 등장하며 자연스러움과 현장성을 확보했지만, 여전히 현장 잡음의 완벽한 통제에는 어려움이 있을 수밖에 없기에 주로 배우의 대사는 동시녹음으로 채록하여 동시녹음의 장점은 살리고, 그 외 효과음이나 내레이션 등 필요한 소리나 소스는 후시녹음 하여 세밀하게 입히는 방식을 채택하고 있다. 이러한 일련의 과정을 통해 가장 완벽한 작품으로 관객을 맞이하고 있는 것이다.

세계 최초의 유성 영화로 알려진 〈재즈 싱어 The Jazz Singer, 1927〉는 영화사에 남을 획기적인 사건을 만든다. 변화를 두려워하지 않고 새로운 시도를 마다하지 않았던 열정적인 도전으로 인해 동시녹음된 배우의 목소리를 들을 수 있는, 지금의 관객이 마주하는 형태의 영화가 있게 되었다. 이제는 영화나 드라마에 동시녹음이 당연한 시대이다. 물론 앞서 언급한 것처럼 후반 작업에서 효과적 측면이나 아쉬운 부분에 후시녹음 작업이 있을 수는 있으나, 보편적으로 동시녹음이 워낙 훌륭해졌고 이를 우선 채택한다. 배우가 동시녹음 및 후시녹음에 적응하여 적재적소에 필요한 최상의 연기를 보일 수 있는 준비가 동반되면 배우 개인으로도 작품 전체로도 큰 도움이 될 것이다.

3) 편집의 연결

영상은 역시나 편집의 예술이다. 어떻게 편집하느냐에 따라 전혀 다른 작품이 탄생할 수 있다는 것이 굉장히 황홀하고 경이로우면서도 매우 우려되고 무서운 지점이기도 하다. 그래서 '악마의 편집'이라는 말도 등장하지 않았겠는가. 작품의 연기적 측면에서도 마찬가지다. 완벽히 단점을 가리고 장점만을 보여주는 편집이 있는가 하면, 실제 현장에서 배우가 보여줬던 감정선과 연기의 연속성을 전혀 고려하지 않은 채 필요에 따라 교묘한 편집과 다른 흐름으로 누군가에게는 본인의 작품이나 연기가 훼손되는 경우가 생기기도 한다. 그러나 이는 작품의 편집 결정권자가 아니고서는 쉽게 관여할 수 없는 부분이기도 하다.

　　비슷한 맥락에서 얼마 전, OTT 플랫폼을 통해 방영되었던 한 작품은 작품의 편집권이 제작자에게 있는가, 연출 및 편집 감독에게 있는가를 두고 첨예한 대립이 이어졌다. 다른 문제들은 모두 차치하더라도 영상 작품에서의 편집은 그만큼 작품의 최종 완성도와 제작 의도에 끼치는 영향이 크고, 작품이 애초 의도한 대로 흘러가거나 완전히 다른 방향으로 틀어질 수 있는 심각한 사안이기에 중요할 수밖에 없는 문제이다. 그래서 모든 과정에 상호간 원만한 커뮤니케이션과 존중이 깃들어야 하고, 작품이 가장 빛날 수 있도록 개진하는 혜안이 발휘되어야 한다.

　　지금까지 왕성하게 활동 중인 국내 영화 편집의 최고령 전문가인 김상범 편집 감독은 그의 인터뷰에서[16] 작업을 할 때 어느 영화든지 시나리오를 50번 이상 읽으며 분석하며, 시나리오에서 시퀀스가 나눠진 부분이 과연 옳은가까지 고민한다고 밝혔다. 예전 방식만을 고수하지 않고 새롭고 좋은 것은 배우며, 관습을 깨트려 간다고 말한 그는 편집자가 갖춰야 할 자세로, 어떻게 하면 감독의 의도와 작중 메시지를 극대화하여 관객한테 잘 보여줄 수 있을지를 늘 고민해야 한다고 언급했다. 그렇다. 이것은 비단 편집 감독만의 고민은 아닐 것이다. 배우 역시 어떻게 하면 작품과 작가와 연출의 의도를 살리고 가상의 세계에 인물을 잘 녹여낼 수 있을지 거듭 고민한다. 알렉산더 맥켄드릭Alexander Mackendrick은 그의 저서를 통해 마치 편집까지 계산한 듯한 노련한 배우의 연기를 극찬한 바 있다.

　　촬영 현장은 대본상의 감정과 시간 및 장소의 순서대로가 아닌, 무작위로 짜인 스케줄 안에서 연기한다. 물론 이것 또한 연출부에서 여러 부분을 굉장히 신경 쓰고 고민해서 만든 스케줄이다. 그렇다면 여기서 말하는 무작위란 무엇인가. 연기의 연속성을 고려하지는 않았거나 연기의 연속성을 고려할 수 없는 영상 촬영 현장의 특성을 말한다. 그렇기에 배우는 카메라 앞에서도 분절된 신체로 연기를 하지만 극 전체를 두고 봐도 흐름이 뚝뚝 끊기는 분절된 연기를 하게 된다. 그럼에도 불구하고 배우 본인이 자신의 이전 연기와 감정, 세세한 모든 것들을 기억하고 연결이 되는 연속성을 지녀야 한다. 현장에서 끊어 찍고 나눠 찍지만, 배우 스스로 연기의 연속성을 구축하며 촬영된 내용을 기억하여 인물을 연기해야 한다. 그래야 인물이 더욱 설득력 있고 입체적이며 일관성을 지닐 수 있다. 그렇기에 대개 프로 배우는 편집점까지 고려할 줄 안다. 프로 배우는 자신의 연기가 편집 중 삭제되지 않도록 기술을 발휘하여 자신의 연기를 작품에 넣을 수밖에 없도록 유인하기도 하고, 때로는 편집 과정이 더 수월하도록 연기를 적절히 조절해주기도 한다. 이 모든 요소가, 쭉 감정선을 쌓아 이어가거나 시간의 흐름과 장소의 적응을 거치는 무대 연기와는 또 다른 지점이라 할 수 있다.

그렇다면 원활한 영상 연기를 위해서 배우는 언제든 새로운 공간이자 장소인 현장에 빠르게 적응하고 활용할 줄도 알아야 한다. 또 늘 새로운 배우와 스태프를 만나더라도 고도의 몰입과 원만한 현장 이해 및 소통이 가능해야 한다. 다른 누군가를 위함이 아닌 배우 자신의 좋은 연기 구축을 위해 동반될 부분이며, 이는 현장의 분위기는 물론이거니와 작품의 완성도와 질적 측면에도 영향을 끼치는 주요 요소가 된다. 그러므로 이러한 부분을 염두에 두고 최적의 상태와 열린 태도로 현장에 임할 수 있도록 하자.

무작위로 촬영되는 지금의 현장에서 배우는 연기하는 인물의 감정선, 상황, 내외면 상태 모두를 고려한 연결을 기억해야 한다. 그래야 소위 말하는 튀지 않고 물 흐르듯 자연스러운 연기와 장면이 도출된다. 살펴본 것처럼, 영상의 가장 큰 특징이라 하면 편집을 빼놓을 수 없다. 물론 편집을 위한 전문가들이 존재한다. 그러나 배우가 연결을 기억하지 않고 당시의 일시적 상태만으로 연기하면 개연성과 설득력 미비한 연기가 나올 수밖에 없다. 반대로 배우가 일관성 있게 연기해 놓은 장면을 편집으로 다 떼어 신기하게도 모아 붙여서 단 몇 프레임만으로도 완전히 다른 장면으로 만들 수도 있다.

마찬가지로 카메라 앵글 역시 인물을 여러 조각으로 나눌 수 있다. 그렇게 분절되고 조합된 신체가 실상, 한 배우의 것인지도 확신할 수는 없다. 스턴트맨이나 대역 배우가 존재하고 부분 모델이 존재하니 말이다. 영상 연기는 고도로 발달한 기계와 기술의 혜택으로 인물의 멋스러움을 최대화하기도, 완전히 다른 모습으로 변형하기도 한다. 영상에서 편집의 영역까지 고민해 볼 수 있다는 것은 작품을 더 빛나게 할 단비와도 같다. 비교하자면, 영상 연기는 예술 점수와 기술 점수가 모두 포함된 영역이다.

4) 연기의 리액션과 에너지

영상 연기를 하면서 중요하게 와닿는 지점들이 있다. 먼저 반응, 리액션이 중요하다. 리액션만으로 완성되는 장면이 분명 존재하니까. 영화감독 알렉산더 맥켄드릭은 영화가 행동보다는 반응을 그리는 매체라고 정의한 바 있다.[17] 추후 「오디션과 캐스팅」 장에서도 다루겠지만, 대사 하나 없는 장면을 오직 리액션이 좋다는 이유로 감독은 편집하지 않고 클로즈업으로 작품에 쓰기도 한다. 그만큼 연기에 있어 허투루 넘길 장면은 하나도 없다는 것을 명심해야 한다.

또 하나, 특히 촬영 현장에서는 연기 전 장시간 대기가 많다. 요즘은 예전에 비해 대기 시간이 많이 줄었고 효율적인 작업이 진행되고 있으나 아직도 서너 시간은 기본으로 대기할 때가 있다. 그렇기에 밀도 있는 연기를 위해서는 적절한 에너지 분배가 필수다. 연기는 혼자 하는 것이 아니기에 늘 상대가 존재한다. 그런데 특히 영상 연기는 이렇게도 저렇게도 다양한 카메라 사이즈와 각도로 여러 번 촬영하고, 심지어 많은 배우를 그렇기 찍기에 같은 장면 같은 연기를 수도 없이 반복 촬영하는 경우가 많다. 그런데 여기서 프로와 아마추어의 차이가 발생하는 것이 바로 이 연기 에너지 안배이다.

누군가는 다른 사람이 연기할 때 자신의 에너지를 다 쓴다. 그래서 정작 카메라가 자신을 찍고 있을 때는 이미 지치고 연기의 생생함마저 잃은 상태일 때가 많다. 물론 상대 배우를 찍고 있을 때도 그 앞에서 제대로 대사를 쳐주고 성의를 다하는 것은 서로의 예의이고 맞는 말이다. 그러나 에너지를 거기만 다 쏟아서 자신의 연기에 쓸 것이 없을 정도가 되는 것을 유의하라는 것이다. 연기에 있어 적절하게 에너지를 모으기도 흩기도 해야 한다. 그런데 이 에너지 분배를 누가 대신해주거나 매번 알려줄 수 없으니 이제부터 스스로 조절하는 힘을 키우기 바란다. 늘 지나친 것도 문제, 모자라도 문제이기에, 현장에서 대기하면서 쓸데없는 에너지 소모부터 줄이라고 권면하고 싶다. 에너지를 잘 운영하고 비축하여 카메라 앞에서 지혜롭게 발휘하는 훈련이 동반되어야 한다. 그런데 연기에 필요한 에너지를 잘 운용하는 것과, 흔히들 말하는 연기에 힘을 빼는 작업과는 또 다른 문제이니 혼동하지 않기를 바란다.

긴장을 풀고 말랑말랑해지는 상태, 무언가가 비집고 들어올 틈을 만들어 놓는 상태를 유지하는 것이 현장에서 연기할 때 더 도움이 된다. 감독과 여러 배우, 스태프들과 교감하고 소통해야 하니 원활한 커뮤니케이션을 위해 '유연한 상태의 나'를 만드는 것은 중요한 작업이다. 하다못해 감독의 예상치 못한 디렉션 하나를 흡수해야 할 때도 딱딱하게 굳어 고정된 상태에서 그게 잘 들어올 리 만무하다. 그러다 보면 그대로 굳어버린 똑같은 연기의 반복만 있을 뿐이다. 그래서 그 어떤 고착과 고정도 경계하는 것이 좋다.

대개 촬영 전 가장 많은 에너지를 쏟는 부분은 인물을 분석하고 준비하는 과정이나 연습이다. 그런데 사실 과잉 연습도 연기에 방해될 때가 많다. 대본을 충분히 숙지하고, 인물을 깊이 이해하고, 대사를 완벽히 외워 철저한 준비를 했다면, 그다음은 몰입의 문제에 더 가깝다고 보기 때문이다. 최선을 내어 정성껏 준비했다면 이제 몰입의 시간이다. 미하이 칙센트미하이Mihaly Csikszentmihalyi가 주장한 '몰입을 통한 궁극의 경험'을 마주하는 것이다. 혼자서 계속 수십 번 수백 번 소리 내어 대사를 되새겨봐야 결국 흔히 말하는 연기의 '쪼'만 박혀 기계적인 대사와 반응, 바꾸기 힘든 습관만 남을 수 있기에 그리 추천하지 않는 연습 방식이다. 이렇게도 저렇게도 다른 뉘앙스를 내고자 연기 변주를 위한 준비가 아니고서야, 똑같은 방식으로 같은 대사를 수도 없이 반복할 이유는 없다고 감히 단언한다. 그것은 이미 생동감을 잃은 낡은 연기가 되었기 때문이다. 영상 연기를 하고자 한다면 차라리 매체의 특성을 이해하기 위해 카메라 메커니즘을 공부하고 적응하자. 연기 전체를 두고 봐도 차라리 위대한 희곡을 배우고 풍성한 독서를 하고, 많은 작품을 감상하거나 당장 밖으로 나가서 다양한 인간 군상을 관찰하는 편이 더 낫다.

연기는 자극과 반응으로 이루어진다는 것은 백번 강조해도 지나치지 않다. 그러나 많은 이들이 이를 간과한다. 엄연히 오는 자극이 다른데 달라진 자극과 상관없이 계속 획일적이고 똑같은 반응을 한다고 생각해보라. 이 얼마나 이상하고 기계적인가. 또 약간씩이라도 변주되어 서로 다른 자극을 주고받으며 이렇게도 저렇게도 장면을 만들어보길 원하는데, 자꾸 똑같은 자극만을 주며 변화의 틈을 주지 않으면 이것도 얼마나 단편적이고 단조로운가. 정형성을 탈피한, 연기의 매혹적 변주를 늘 기억하자. 창조적 에너지로 진지하고 순수하게 빠져들기를.

4

스크린 연기

영화배우 마이클 케인Michael Caine은 무대 연기는 메스를 쓰는 수술에, 영화 연기는 레이저를 사용하는 수술에 비유[18]하였다. 뭉뚱그려 다 같은 연기라고 하기에는 분명 명확하게 다른 지점이 있다는 것을 하나의 간단한 비유로 설파했다. 예전에 한 지인이 큰 수술을 앞두고 로봇 수술을 받을 것인지, 일반 수술로 진행할 것인지 고민하는 것을 본 적이 있다. 각각의 장점과 추구하는 강점이 분명했다. 그래서 환자에게 빠른 회복을 원하는지, 적은 흉터를 원하는지, 상대적으로 더 저렴한 비용을 원하는지 등등 개인의 고민에 맞게 선택지를 준 것이다.

무대 위에서만 연기하던 배우는 막상 카메라 앞에 서면 처음

엔 대체로 어려움을 토로한다. 반대로 카메라 앞에만 서던 배우가 처음 무대 위에서 연기를 하게 되면 마주하는 어려움이 있다. 연기의 본질은 같을지라도 각 매체의 특성에 따른 연기의 차이가 있기 때문이다. 진정성과 예술성은 동일해도 방식과 기술의 차이는 발생할 수 있으니까. 거기서 오는 격차를 좁혀가는 게 매체 적응력이며, 스크린의 시작으로 행해진 다른 연기의 결이다.

1) 스크린 연기의 이론과 실제

(1) 카메라의 눈

스크린 연기의 특성을 살펴보자. 먼저 스크린 연기는 카메라를 매개로 한 연기이며, 카메라 프레임 안에서의 가장 자연스러운 연기가 요구된다. 카메라의 눈이 곧 관객의 눈이다. 이는 배우가 늘 기억해야 하는 중요한 부분이다. 카메라 연기를 하고자 하면서 카메라를 두려워하는 사람이 있다면 기억하자. 자신의 연기를 카메라로 정확히 확인할 때 가장 정직한 상태를 볼 수 있다. 카메라 없이 연기를 백날 잘해도 늘 카메라 앞에서는 아쉬움이 남고 주저되는 부분이 있거나 몰입이 어렵다면 카메라 앞에서 더 많은 훈련이 동반될 필요가 있다.

　　불필요한 무언가를 행하지 않고 카메라 앞에서 그저 잘 머무르는 것이 카메라와 가까워지는 시작이다. 카메라 앞에서 유독 연기를 방해하는 경직과 긴장감이 생긴다면 그것을 해소할 수 있는 자신만의 방법도 터득해야 한다. 무대 연기에서 작은 동작이나 말은 유실될 우려가 있다. 관객석의 위치가 어디냐에 따라 가격이 달리 책정되는 이유가 무엇이겠는가. 제일 멀리 앉은 관객에게까지 연기가 동일하게 가서 닿지 않을 수 있다. 그래서 배우들은 큰 성량과 신체적 표현으로 관객석 끝까지 닿을 수 있도록 연기하려 노력한다.

그런데 앞서 언급한 것처럼 카메라는 매우 세밀한 고도의 기계이다. 배우의 바로 코앞에 관객이 배우와 마주하고 있다고 표현해도 될 만큼 근접한다. 배우가 실제보다 커지고 가까워지는 이러한 영상의 특성으로 인해 과장된 반응과 큰 연기는 오히려 부담스럽게 느껴질 때가 있다. 더욱이 배우가 몰입이 덜 된 순간에 펼친 연기를 관객이 너무나도 쉽게 알아차릴 가능성도 크다. 카메라 앞에서의 배우의 연기는 카메라만큼 정밀해질 필요가 있다.

인간의 실제 눈 크기가 2~3센티미터 정도라 짐작할 때, 스크린을 통해 표현되는 인간의 눈 크기는 때로 2~3미터가 되기도 한다. 클로즈업 촬영으로 우리는 실제로는 보지 못할 정도의 사람과 사물의 미세한 부분을 확대하며 마주하게 된다. 배우의 입장에서 고도로 발달된 카메라와 기술로 인해 관객과 굳이 공유하고 싶지 않은 주름과 피부의 거친 흔적, 모공 등을 생각하면 아찔한 순간이 온다. 필름 영화가 아련하게 더 그리운 순간 말이다. 추억하자면 필름 시절의 영화는 여러모로 모두에게 신중을 더하게 하며 조심조심 작품을 어루만지게 하는 필름 고유의 우아함을 선사했다. 또 값이 비싸다는 이유로 누구든 NG를 내면 그마저도 송구할 따름이었다. 디지털 영화가 등장하며 필름 시대는 저물었고 이제 우리는 디지털 영화로 굉장한 자유와 엄청난 환상을 획득하게 되었다. 흥미롭게도 최첨단 디지털은 때로 관객에게 경외함을 주기도 이질감을 주기도 한다. 다른 말로 표현하자면 그동안 미처 보지 못한 것들에 대한 생경함이라 할 수 있겠다.

다시 눈 이야기로 돌아가서, 이전에 본 적 없던 크기의 눈을 마주해야 하는 관객의 입장에서 배우의 눈가 주름과 눈동자의 떨림, 미세한 근육의 움직임들은 매우 크게 다가온다. 이때 배우는 억지로 무언가를 하려 할 필요가 없다. 카메라 앞에서 그것은 되레 역효과를 낼 가능성이 크다. 미세한 그 무엇도 포착하는 카메라가 알아서 할 터이니 배우는 그냥 그 순간을 자연스럽게 오롯이 인물로 살아내면 된다. 배우가 인물로 살아내는 그 찰나에 카메라는 잠시 왔다 간다. 그리고 필요한 것을 똑똑하게 취사선택해 간다. 말은 쉽지만, 연기를 하는 입장에서는 참 쉽지 않은 부분이기도 하다. 연기를 하며 자꾸 극적 상황과 극적 표현을 욕심낼 때가 있으니 말이다. 이것은 영상 연기에서 특히 주의해야 할 부분이다.

영상 연기는 특수한 지점이 있다. 넓은 앵글로 마스터 샷이나 풀 샷에서 연기할 때는 상대역과 함께 에너지를 주고받으며 연기하게 된다. 그런데 클로즈업 장면을 촬영할 땐 맞은편에 상대역 대신 카메라가 훅 들어와 있을 가능성도 있다. 그때 아마 다른 배우들은 그 자리에 없을지도 모른다. 이럴 경우 배우는 혼자서 상대역이 먼저 했거나 이후 하게 될 연기에 반응해 클로즈업 연기를 펼쳐야 한다. 이때 상대의 연기에 대한 어설픈 추측과 어렴풋한 기억만으로는 제대로 된 연기를 할 수 없다. 그렇기에 상대역의 연기까지 명확히 자기 것으로 만들어야 하는데 실상 이것은 쉬운 일이 아니다.

영화 〈관상2013〉에서 수양대군 역의 이정재와 관상가 역의 송강호가 처음 마주하는 장면의 숨겨진 이야기가 있다. 감독이 방송에 나와 말하길, 이 장면에서 두 배우는 아주 강렬한 연기를 펼쳤지만 실제로 함께 연기를 하지는 않았으며, 각자 따로 촬영한 것으로 밝힌 바 있다.[19] 두 배우가 서로를 바라보지 않고 허공에 대고 연기를 한 것이지만, 마치 진짜 바라보고 있는 것처럼 연기한 것이다. 그런데 영화상으로는 한 공간에서 마주하는 그 순간이 완벽한 앙상블로 자연스럽게 그려졌다. 노련하고 능숙한 배우들의 탁월한 시너지를 보게 된 장면이다. 두 배우는 자신의 연기뿐 아니라 상대의 연기까지 고려한 연기를 펼친 것이다. 각자 다른 시간에 각각의 연기로 완성된 장면에 완전한 편집을 더해 탄생한 하나의 명장면이다. 자신의 연기에만 함몰되는 순간, 맥락을 잃은 연기가 도출될 가능성이 크다. 연기는 함께하는 작업이며, 예술성과 기술성이 공유되고 일치하는 순간으로 길이 남을 명장면을 탄생시키게 된다.

카메라 연기, 즉 영상 연기를 하다 보면 카메라의 눈을 벗어나면 안 되는 기술도 필요하다. 무슨 말이냐 하면 카메라 프레임을 고려할 줄 아는 연기가 행해져야 한다는 것이다. 영화는 프레임 안에서의 가장 탁월한 연기를 요구한다. 이것은 카메라 앞에 많이 설수록 풍부한 경험에 따라 자연스럽게 체득되는 부분이기도 하다. 카메라가 알아서 배우의 연기를 획득해 가지만, 배우 역시 그 카메라와의 암묵적 약속은 지켜야 한다. 그래서 아무리 무대에서의 연기경험이 많은 배우도 카메라 앞에 왔을 때 카메라 프레임 안에서의 가장 효과적이고 탁월한 연기를 위해 훈련되어야 하는 시간과 적응기간이 필요함을 이미 많은 배우가 언급한 적 있다. 물론 카메라가 생소한 신인도 마찬가지일 터.

각 매체의 특성을 이해하면 더 쉽게 접근할 수 있다. 왕가위 감독에 따르면 배우 장만옥이 신인 시절, 현장에서 연기하며 어디서 멈추고 서야 할지 모르는 그녀를 위해 감독이 직접 프레임을 보여주고 어디서 서고 멈춰야 할지 알려주며 왜 굳이 그 위치여야 하는지까지 이해시켰다는 일화가 있다.[20] 영화적 연기의 핵심을 보여주는 예다. 이후 장만옥은 촬영 전 꼭 자신의 프레임을 확인하는 습관이 생겼다고 한다.

이처럼 영상 연기에서 카메라 메커니즘을 이해하는 것과 카메라 프레임 속 자기 모습을 확인하는 일, 더 나은 연기를 위해 프레임을 확인하는 작업 등은 계속 강조해도 무방하다. 그 맥락에서 카메라로 찍은 자신의 연기를 모니터하는 일은 분명 중요하다. 그런데 큰 화면에 나오는 자기 모습이 신기하기도 하면서 때로는 받아들이기 힘들 때도 있다. 여전히 연기 수업에서 카메라 모니터를 어려워하는 학생들이 많다는 것은 그 이유이다. 현재 자신의 외적 상태나 연기 수준 등이 자신의 기대에 한참 못 미치기도 하고, 이를 담담히 마주할 용기가 생기지 않는 그 마음을 이해하지 못하는 것은 아니다. 그러나 꼭 기억해야 할 것은 있는 그대로의 자신을 마주할 자신감이 생기지 않는다면 영상 연기와는 더 멀어질 수도 있다.

　　한 번이라도 카메라 속 자기 모습을 봐온 사람이라면 알 것이다. 내 목소리가 내가 생각한 것과 다를 수 있다는 것, 심지어 내 얼굴조차 생소할 수 있다는 것을. 그런데 연기라고 그렇지 않겠는가. 연기의 밀도나 에너지, 느낌, 뉘앙스, 심지어 감정의 크기까지 모두 자신이 한 것과 혹은 생각했던 것과 다를 수 있다. 그래서 확인해야 하는 것이고, 확인해가면서 경험을 통해 성장하며 예술적 확장을 이루고 기술적으로 익히게 되는 부분이 생긴다. 카메라 모니터가 두려워서 피하는 만큼 카메라 앞에 서서 연기할 기회도 멀어진다면 지금 당장 카메라 속 자신의 연기를 과감하게 마주해야 하지 않을까. 그래야 발전이 있고 성장이 있다. 이제 자기 객관화를 장착하고 냉정하게 자신을 마주해보자. 생각보다 훨씬 괜찮을 수도 있으니 지레 겁먹을 필요 없다.

(2) 경계의 미학

장르나 장면의 특성상 그 극적 표현과 극적 상황이 어울릴 때가 분명히 있다. 그러나 그조차도 대부분의 스크린 연기는 대체로 자연스러움을 요할 때가 많다. 이미 카메라가 근접해있기 때문이다. 음성 또한 마찬가지다. 정말 옆 사람에게 이야기하듯 자연스럽게 말하기를 원하지, 대사를 낭독하거나 웅변하는 것을 원치 않는다. 왜냐하면 기술과 기계는 소곤소곤하는 작은 소리까지도 이미 다 담을 수 있기 때문이다. 책에서 이것을 경계의 미학이라 표현하고자 한다.

　　이러한 이유로 스크린 연기는 카메라 앞에서 조금만 더해도 극도로 과장돼 보이고, 조금만 덜해도 아무것도 안 하는 것같이 밋밋해 보이기도 한다. 그래서 배우 입장에서도 적절한 에너지 분배와 조절이 필요한데, 이는 쉽게 가늠되지 않는 부분이기에 부단한 노력과 많은 경험이 동반되어야 한다. 과장과 밋밋함의 경계에서 가장 탁월한 연기 도출을 위해서는 영민한 대본 분석과 상상력을 동반한 인물 구체화 작업, 그리고 이를 독창적으로 표현해낼 줄 아는 능력과 진짜로 그 순간에 몰입하는 고도의 집중력까지, 스크린 연기는 창의적 예술과 정교한 기술의 조화를 추구한다. 조금만 더해도 부담스럽고, 조금만 덜해도 밋밋해지는 경계에서 끊임없이 작품과 인물과 텍스트를 이해하고 연구하는 자세가 필요하다.

　　웅변의 예를 들어보자. 필자는 어렸을 때 웅변을 배운 적이 있다. 웅변대회에 나가면 마지막 부분은 늘 이 외침으로 끝냈던, 하나의 장면이 떠오른다. "이 연사 힘주어 외칩니다!", "이 어린이 힘차게 외칩니다!" 여기서 주목할 것은 '힘주어' '힘차게'이다. 막힘없이 조리 있고 당당하게 연설하고, 설득하고자 강조하려고 힘주어 말하는 부분이 분명히 있다. 이것이 웅변의 방식이다. 그러나 연기는 어떠한가. 연기할 때 대부분 한 번씩은 꼭 '힘 좀 빼고'라는 말을 듣게 된다.

힘을 빼라

다시 말하자면 경직되지 말고 더 자연스러워지라는 것이다. 마치 일상을 살 듯이. 유창한 웅변처럼 힘주어 모든 것을 매번 강조하지 않아도 된다. 더 명료하게 표현하자면 매번 힘차게 힘주어 연기하지 않아도 괜찮으며 늘 극적 연기를 위해 달려갈 필요도 없다. 극적 연기의 강박에서 벗어나라.

오디션을 볼 때 신인이나 연기 지망생이 제일 먼저 하는 실수 아닌 실수 중 하나가 감정의 소모가 매우 큰 장면을 준비하여 극적 연기를 펼치는 데 있다. 감정의 폭발이나 극의 고조를 알리는 극적 연기를 통해 짧은 시간에 가장 강력하고 인상적인 모습을 보여주고 싶은 심리에서 비롯된 것이라는 것을 짐작할 수 있다. 그러나 일상에서도 연기에서도 그러한 극적 상황을 만나 극단적 감정의 최고조를 내보일 경우가 그리 많지는 않음을 예상해 볼 때 일상 톤의 연기, 힘을 뺀 연기의 중요성을 언급하지 않을 수 없다. 일명 '생활 연기'와 '극적 연기'를 유연하게 오가고 조절할 줄 아는 능력을 겸비하면 좋겠다. 연출가 가요 무나카타Kayo Munakata는 언제 섞이고 언제 드러나야 하는지 아는 배우에 관해 언급한 바 있다.

웅변은 당당하고 힘차게 본인의 주장을 펼치며 연설하는 특성을 보인다. 지금으로 따지면 논리정연한 스피치나 화술과 유사하다. 그런데 그 당시 성행하던 웅변은 말 그대로 힘주어 강조하기 위해 좀 더 과장된 극적 방식을 사용했다. 지금 생각해보면 그때 외치던 그 말투와 동작이 살포시 부끄럽기도 한데, 그 당시 어린아이였던 필자는 그 과장된 외침마저도 호기심 가득한 재미난 경험이었는지 꽤 열심히 따라 했다.

그러한 과장과 힘주어 표현하고 강조하는 방식들을 연기적 측면에서 설명하자면, 영상의 등장으로 세밀함이 요구되면서 오히려 작아지되 섬세하며 힘주지 않고 자연스러운 방식을 추구하게 된다. 영상에서는 웅변처럼 '나 지금 힘주어 힘차게 연기하고 있으니 잘 보세요.'가 아닌 그저 그 장면에 자연스럽게 머무르는 훈련이 필요하다. 왜냐하면 연기는 연설도 낭독도 아니기 때문이다. 그런데 이 카메라 앞에 자연스럽게 머무름이 어렵다. 극적인 순간에 압도할 수 있고 자연스러운 순간에 머무를 수 있는 연기의 유연함, 이것이 내공이고 경계의 미학 아닐까.

일례로 귓속말을 실제 일상에서 그러하듯 무대 위에서도 관객에게는 들리지도 않게 귀에 대고 속삭이듯 얘기하면 극의 진행에 방해가 될 수도 있다. 내용 전달 자체가 어렵기 때문이다. 그래서 귓속말을 하고 있지만, 관객에게 들릴 정도로 극이 진행될 정도로 연기하는 방식을 관객은 어색하거나 이상하게 받아들이지 않고 당연한 것으로 충분히 이해한다. 이것을 무대를 향한 '암묵적 합의'로 볼 수 있다. 마찬가지로 뮤지컬에서도 인물이 총에 맞아 죽어가는 장면에서도 멋들어지게 노래를 소화한다. 자칫 생경하게 느껴질 수 있지만, 관객 그 누구도 이를 부자연스럽다 여기지 않는다. 노래로 배우는 죽음을 앞둔 극적 상황을 고조시키며 인물 내면의 감정을 전달하고, 관객은 무대 위 장면에 오롯이 몰입하는 태도를 유지한다.

그러나 영화나 드라마에서는 또 달라진다. 실제로 있을법하게 귀에 대고 속삭이고 아주 작은 소리로 얘기해도 괜찮다. 카메라와 오디오, 그리고 마이크가 알아서 다 포착한다. 배우가 진실로 순간에 머무르기만 해도 카메라가 알아서 좋은 것을 획득해 간다. 어쩌면 이것은 영상 연기에서 가장 좋은 방식이거나 훌륭한 방법일 수도 있으니 참고하시라.

앞서 언급한 이것을 좀 더 명료히 구분하자면 '매체의 특성에 따른 연기 표현 차이'로 해석할 수 있다. 카메라 앞이나 무대 위에서나 연기의 본질은 같을지라도, 그것이 전달되는 통로 즉, 매체가 무엇이냐에 따라 연기하는 데 있어 발생하는 방식의 차이 정도로 보면 된다. 그런데 면밀히 살펴보자면 같은 카메라 연기라도 사실 영화 연기와 드라마 연기는 명백히 다른 부분이 있다. 요즘이야 매체도 그 경계가 많이 허물어져 굳이 구분 짓지는 않는다고 하더라도, 자연스럽게 발생하거나 눈에 보이는 엄연한 차이는 있다. 또 같은 드라마 연기여도 아침 드라마, 일일 연속극, 미니시리즈 등 드라마의 형태에 따라 연기 스타일이 다를 수 있다.

흔히 미니시리즈는 그중 영화와 가장 흡사한 형태로 알려져 있으며, 그만큼 영상미에도 공을 들인다. 연기의 형태도 영화가 추구하는 스타일과 많이 닮아 있다. 아침 드라마나 일일 연속극은 시간대와 형식 및 주 시청자의 특성상, 쉬운 예로 설거지를 하면서 귀로만 들어도 내용이 다 전달되도록 쉴 새 없이 대사로 모든 것을 전달하려는 경향이 있다. 상대적으로 영상미에 신경 쓸 겨를이 없으며, 대개 주중 내내 방영하므로 그럴 여건도 아니다. 시청자도 아침 드라마나 일일 연속극에서 영상 미학을 찾으려 하지 않는다. 연기의 방식 역시 대사에 전적으로 치중하는 무대 연기 형식에 더욱 가깝다고 볼 수 있다.

이처럼 매체마다 또 배우마다 연기하는 표현 방식이나 인물 접근 방식, 훈련과 몰입 방식들은 얼마든지 다를 수 있기에 서로 유연하게 이해하고 존중하는 태도가 필요하다. 앞서 각 드라마의 형태까지 예로 들며 그 미세한 차이와 연기를 들춰본 것은 아는 만큼 이해의 폭도 넓어질 수 있기 때문이다. 매체와 그 형태를 두리뭉실 적당히 아는 것보다 날카롭게 파악하는 것이 자신의 연기에 더 도움이 될 수도 있다. 어쩌면 이러한 부분들을 통해 배우 역시 각자에게 가장 편안하고 적합하다 여겨지는 매체나 방식을 찾아가는 일련의 과정일 수 있기에.

배우는 연기 발현의 경로나 창구가 무엇이든 장면과 인물에 몰입하여 느끼는 감정에 그저 솔직할 수 있어야 한다. 혹시 연기를 하면서 책 읽지 말고 말을 하라는 말을 한 번쯤 들어봤다면 해당 장을 다시 한번 음미하길 바란다. 낭독이나 연설을 하려고 하지 말고 말을 하자. 연기에 있어 가장 초보적인 실수는 자꾸 드러내려고 한다는 것이다. 물론 그렇게 교육받기도 했을 것이다.

입시 심사를 한 번이라도 해보면 목격할 수 있는 풍경이 있다. 대부분의 지원자들은 조금도 감추지 않고 최선을 다해 드러내 보이려 하고, 감정의 격앙을 쉴 새 없이 연기로 보여주려 한다. 그런데 사실 대부분 인간이 취하고 있는 어떠한 방어 체계나 경계 태세가 아예 다 무너져 없어지지 않는 한, 사람은 자신의 감정이나 생각을 그렇게 속속들이 다 드러내 보이려고 하지 않을 때가 더 많다. 호소력은 울부짖는 것에서만 나오는 게 아니다. 이제 조용히 호소할 방법을 터득할 필요가 있다. 그게 각 배우만이 지닌 호소력이다.

(3) 눈빛 연기와 시선 처리

얼마 전, 영화를 보며 말없이 응시하는 한 배우의 눈빛에 매료되었다. 큰 스크린을 가득 채운 클로즈업된 배우의 눈을 보는 순간 극장에 오길 잘했다는 생각이 들 정도였다. 카메라를 기반으로 한 스크린 연기의 (인물로서의) 자연스러움을 이해했다면, 이제 눈빛 연기와 시선 처리의 중요함을 이야기하고자 한다.

연극 무대 위에서 배우의 눈이나 시선은 관객에게 그다지 잘 보이지 않는다. 맨 앞자리나 가장 좋은 자리여도 어느 정도의 거리가 유지된다. 객석 자리에 따라 아예 배우의 눈코입이 전혀 보이지 않고 형체만 보이는 경우도 있다. 그때도 현장에서 같은 시공간을 누리며 딱 그 순간에만 담을 수 있는 여러 경험과 현장의 에너지를 공유한다는 매력이 있기에 관객은 기꺼이 즐거운 마음으로 무대를 찾는다. 그러나 카메라 앞에서의 스크린 연기에서 눈빛 연기와 시선 처리는 매우 중요한 부분이다. 일단 매우 잘 보인다. 실제보다 더 확대하기까지 한다. 또 카메라는 불분명하고 흔들리는 시선까지 모두 포착한다. 간혹 어떤 배우는 연기를 하며 전혀 집중하지 못 한 상태까지도 고스란히 관객에게 들키는 치명적 실수를 하기도 한다. 배우의 연기가 납작해지는 순간이다. 보는 관객들까지도 작품에 집중할 수 없게끔 만들게 되니 말이다.

종종 배우는 큰 스크린에서 혹여 인물이 약해 보일까 봐 일부러 눈을 자주 깜빡이지 않고 연기하는 방식을 택하기도 한다. 이처럼 많은 경험과 철저한 모니터링을 통해 각자 자신만의 가장 좋은 방법을 찾아가게 된다. 스크린 연기에서 시선 처리는 아주 중요하다. 때로는 대사보다 더욱 강력한 힘을 발산하기도 하고 장면을 압도하기도 하며, 관객은 그 눈빛에 반해 묘하게 설득되기도 한다. 배우가 특별히 아무것도 하지 않았음에도 말이다. 스크린 연기는 말하지 않고도 관객을 이해시킬 줄 아는 힘이 필요하며 그런 눈빛을 드러낼 수 있어야 한다.

생각해보라. 우리는 연극을 보고 나와 무대 위 장면이나 연기에 관해 이야기하면서 대체로 눈빛 연기의 중요성을 강력히 설파하지는 않는다. 오히려 무대 장악력이나 발성의 중요성을 언급하는 경우가 더 많을 것이다. 그러나 스크린 연기를 논의하면서 눈빛 연기는 자꾸 강조해도 모자람이 없다. 그 안에 모든 것이 담겨있다고 해도 과언이 아님을 기억하자. 실은 누군가의 눈을 그렇게 깊이 자세히 들여다볼 일은 생각보다 많지 않지만 우리는 영화나 드라마를 통해 작중 인물들에게 눈을 맞추며 이미 셀 수도 없이 많은 순간을 함께 경험했다. 미세한 얼굴 표정의 중요성은 이미 앞서 얼굴 미학을 다룬 장에서 분명히 했으니 참고하기를 권한다.

　　스크린 연기에 있어 배우는 최소한 카메라 구도와 프레임 크기 정도는 파악할 수 있어야 한다. 그래야 지금 자신이 하는 연기가 최선인지 객관적으로 볼 수 있는 눈도 생긴다. 또 실제 연기를 해보면 생각보다 시선 처리가 쉽지 않은 순간이 있다. 이것은 상대 배우와 직접 눈을 마주치는 것과는 좀 다른 이야기다. 카메라를 통해 전달되는 연기의 특성상 배우의 시선은 카메라가 보기 좋도록 맞춰줘야 하는 부분도 생긴다. 곧 시청자가 보기 좋은, 결국은 전달력을 말한다.

　　예로 한 배우의 클로즈업 장면을 찍는다고 치자. 아무래도 카메라와 촬영 감독을 비롯한 많은 스태프가 그 배우 가까이 다가온다. 밀착해 오는 카메라를 위해 상대 배우가 자연스럽게 그 자리를 내어줘야 하는 경우가 발생한다. 말 그대로 이제부터 상대 배우의 자리를 카메라가 대신하는 것이다. 그렇다고 어느 배우가 카메라를 정면으로 응시하며 연기를 하는가. 상대 배우의 자리를 카메라가 차지했고, 앞에 상대 배우는 없지만 마치 상대 배우를 마주하고 있는 것처럼 카메라 근처 위치로 스태프가 시선을 잡아주는 곳을 상대로 인식하고 연기하게 된다. 이때 현장에서 흔히 '시선 위치'는 누군가가 주먹을 쥐고 표시해주거나 어느 한 포인트를 정해주거나 따로 체크해줄 수도 있다.

　　대개 경험이 쌓이며 프로 배우는 알아서 적합한 시선 처리도 할 수 있는 요령이 생긴다. 중요한 것은 카메라로 봤을 때 그 장면에 가장 합당한 자리로 시선 처리가 될 수 있도록 정한다는 것이다. 결국 카메라 위주이며 그 카메라는 결국 관객이자 시청자의 눈이다. 그 모든 것을 고려한 시선 처리가 관건이다. 배우는 해당하는 모든 순간이 어색하지 않게 잘 살릴 수 있는 연기력을 요구받는다. 카메라가 배우에게 가까이 들어올수록 연기에서의 시선 처리와 눈빛의 중요성이 커진다. 왜냐하면 아주 잘 보이니까.

2) 영상 콘티(continuity)와 스토리보드(storyboard)

연극에서는 희곡, 영화에서는 시나리오, 드라마에서는 대본이라 읽지만 다 같은 말이다. 결국 작품이 쓰인 책이다. 그런데 영상 매체로 넘어가며 하나의 책이 더 추가된다. 바로 '영상 콘티'이다. '스토리보드'라 부르기도 한다. 그림으로 실질적인 장면 구성을 보여주고 팀원들 모두 공유하고자 촬영 구도와 의도를 담는 작업이다. 촬영에 관한 모든 사항이 세세히 기록된 중요한 '슈팅 스크립트shooting script'이다. 그런데 이것도 매체에 따라 조금씩 다르다. 영화 작업에서 영상 콘티는 늘 존재한다. 그리고 실질적으로 제작진이 매우 많은 공을 들이는 영역이다.

　　15초, 30초의 예술이라고 하는 TV-CF도 마찬가지다. 영상 콘티는 그날의 촬영 분량과 내용을 가장 명료하게 보여주는 부분이다. 특히 CF는 대사가 많지 않고, 핵심 이미지와 장면들로 짧게 구성되다 보니 콘티를 정확히 파악하는 것이 연기하는 데도 큰 도움이 된다. 일반적으로 TV-CF 연기는 함축적이며 간결해야 한다. 짧은 시간, 최대치의 효과를 내려면 당연한 것 아닌가. 우물쭈물하다가 끝나는 것이 아닌, 전달하고자 하는 메시지를 명확하게 전달하는 목표를 지닌다. 해당 CF의 모델이자 배우에게는 이러한 역량이 요구된다. 물론 강력한 표정 연기도 더할 나위 없이 중하다. TV-CF는 길게 구구절절 이야기하지 않는 경우가 대부분이기에 얼굴 표정과 신체 제스처로 짧고 굵게 보여줘야 함이 마땅하다. 한동안 감성 소구의 CF가 큰 관심과 사랑을 받아왔다. 이런 경우 더욱 섬세한 연기를 주문받는 것은 상품과 메시지를 전달하고 주입하는 것에 그치는 것이 아닌, 말 그대로 감성과 정서를 공유하며 시청자의 공감을 끌어내는 방식이라 그렇다.

　　영화의 콘티는 볼 때마다 놀라운 것이 사실이다. 이유인즉슨, 현장을 가보면 영상 콘티와 현장이 똑같을 때가 너무나도 많기 때문이다. 공간과 그 공간 안의 배우와 소품까지 매우 흡사한 모습이다. 그만큼 많은 사전 답사에 공을 들이고 섬세한 부분들을 조율하고 고찰했다는 의미다. 전통적으로 큰 화면인 영화 스크린과 작은 화면인 텔레비전 브라운관 연기는 닮은 듯하지만 다른 구석이 있다. 제작 방식과 강조하는 부분도 다르다.

영화는 주로 어두운 곳에서 상영하고 영상으로 담아내는 이야기라면, 드라마는 밝은 환경에서 시청하며 대사에 의존하는 이야기이다. 그러다 보니 영화는 이미지가 더 중요한 매체이고 완벽한 콘티로 작품을 준비하는 경향이 크다. 배우 입장에서는 그렇게 준비된 촬영 공간에 들어서자마자 마치 생생한 작중 인물이 된 듯하여 도움받을 때도 많다. 물론 CG 연기 촬영에서는 오직 블루 스크린만 있을 뿐 아무것도 없는 공간에서 상상력의 극대화로 연기를 하게 되는 때도 있다.

영상 콘티는 작품의 설계이자 참여하는 모두가 한눈에 볼 수 있는 이미지화된 약속이다. 콘티를 잘 보면 연기에 큰 도움이 된다. 이를 간과하지 마라. 허투루 된 것은 하나도 없다. 특히 완성도 높은 콘티는 작품의 질을 높이고 현장에서 우왕좌왕을 줄이며 안정감을 준다. 물론 공들여 철저히 설계해놓은 콘티도 영상 촬영 현장의 가변적 상황과 여건으로 바뀌기도 하는 예외 상황은 언제든 발생한다. 그러나 그것이 영상 연기의 특성이기도, 현장에 대한 이해이기도 하다. 현장은 늘 변수가 존재하고 배우는 잘 준비해서 그것에 적응하고 대비할 수 있어야 한다. 배우의 연기도 유연함이 발휘되어야 한다. 현장은 그대가 준비한 대로만 흘러가거나, 준비한 그것만을 요구하지 않는다. 늘 그 이상을 원한다는 것을 염두에 두기 바란다.

현장의 거대한 물결에 그대를 맡겨라

그리고 집중해라

그대가 맡은 인물이 살아날 것이다

대개 드라마에는 영상 콘티가 없는 경우가 대부분이다. 그도 그럴 것이 요즘에는 사전 제작이 많아졌지만, 그 이전에는 생방송 같은 대본과 스케줄이 감도는 현장 아니었던가. 여러 가지 이유로 웬만해서 드라마는 영상 콘티가 없지만, 매우 중요하고 복잡한 장면이거나 혹은 철저하게 약속된 장면에서는 종종 제시된다. 드라마 현장에 가서 계속 영상 콘티를 찾을 필요는 없다. 다만, 영상 콘티가 준비된 장면을 연기하게 된 경우, 적극적으로 살펴보고 가기를 권한다.

영상 콘티는 가장 좋은 장면을 위한 공통의 약속이자 그만큼 공들인 중요한 협의 사항이다. 영상 콘티에는 작품과 감독의 의도 및 촬영 구도나 방식, 의미를 발생시키는 모두가 내포되어 있으니 잘 참고해라. 각각의 장면은, 철저히 계획적이기도 하며 우연성에 힘입어 현장성을 반영한 무계획이 함께 어우러져 멋지게 창조된다. 좋은 작품을 만들기 위한 구성원 모두의 목표를 가지고.

3) 감독의 디렉션

같은 감독, 같은 현장은 없다. 어느 현장은 지독하게 어렵게 느껴지기도 하지만, 어느 현장은 소풍처럼 설레기도 한다. 연기에 대한 디렉션은 현장에서 유일하게 감독에게만 주어진 권한일 것이다. 그러나 실제로 여러 감독은 연기에 관한 디렉션 자체를 어려워하기도 때로 부담스러워하기도 한다. 여러 이유가 있겠지만 연기를 배우지도, 해보지도 않은 감독 본인이 배우에게 연기에 관해 이렇다 저렇다 얘기하는 것보다는 연기에 대한 고민을 자신보다 더 많이 할 배우 자체를 신뢰하고 맡긴다는 의견이 있었다. 그래서 연기에 대해 딱 맞다 아니다 등의 이분법적 디렉션은 하지 않게 되고, 지금 현재 인물의 감정 상태나 행동 및 장면과의 적합성이나 더 나은 혹은 다른 스타일의 연기 변주를 조율하는 경우가 더 많다는 것이다.

오디션에서도 비슷하다. 그 짧은 시간에 주어진 대본 하나로 캐스팅 당락을 결정짓게 되는 것 자체가 어렵기는 마찬가지라 최대한 다양한 측면을 고려하여 볼 수 있게끔 노력한다는 이야기를 들은 적이 있다. 무슨 말인지 충분히 이해할 수 있다. 물론 굉장히 정교하고 정확하게 연기를 요구하는 경우도 있고, 배우보다 연기를 더 잘하는 감독도 있다. 하고 싶은 말은 감독은 언제나 배우에게 열려 있으니, 감독을 믿고 현장이나 오디션에서 많은 이들이 더 자신감 있게 나아가고 부단히 노력하고 훈련하기를 바란다. 자기라는 배우를 알아봐 줄 누군가를 마주하게 될 때, 그 기회가 왔을 때 후회 없도록 말이다.

감독의 디렉션 스타일을 살펴보면, 작가가 글을 쓸 때부터 의도했거나 염두에 뒀던 부분들이나 연출이 추구하는 바를 큰 틀에서 가이드 라인을 제시할 수 있겠지만, 많은 부분을 배우에게 열어둔다는 감독이 있었다. 그러나 그와 반대로 처음부터 끝까지 대부분을 감독 본인이 철저히 구상하고 준비한 대로 만들어가는 감독과 작가도 있다. 어느 것이 맞고 틀리고는 없다. 단지 각자의 스타일과 작업 방식이 다른 것이다. 그렇다면 이를 대처하는 배우가 겸비해야할 것은 무엇인가. 열린 사고와 유연한 마음가짐이다. 그 누구와도 충분히 소통할 줄 아는 능력이 실로 배우에게는 중요하다.

그런데 생각보다 그 소통 능력이 없는 사람이 많고 소통 의지조차 없는 사람들도 있다. 소통은 의지에 달렸다고 해도 과언이 아니다. 의지가 있으면 나도 상대도 움직이게 되어 있다. 이것도 노력의 일부분이다. 좋은 작품이라는 하나의 목적을 지닌 공통의 목표를 수행하기 위해 여러 전문가와 각자의 영역을 존중하며 자신의 의사를 명료하게 밝히고 협력하는 자세를 지녀야 한다. 이는 사실 배우에게만 해당하는 것이 아닌, 학교와 직장, 가정과 사회 어디에서나 중요하겠다.

그 어떤 현장에서도 적응할 수 있도록 자신을 단련하여 '자신의 연기가 그 무엇에도 방해받지 않게' 스스로 정신과 마음과 몸의 전체적인 컨디션을 조절할 줄 아는 현명함을 동반하면 좋겠다. 물론 혼자만의 힘으로 어려울 때도 있다. 서로서로 맞춰갈 수 있다면 가장 좋겠지만, 혹여 그렇지 않다고 해도 자신의 연기가 다른 무언가나 누군가의 영향으로 눌려져 납작해진들 그걸 누가 알아주고 헤아려주겠는가. 결국 아쉬운 연기로 남아 자신을 자책하거나 누군가에게는 핑계로 어겨지지 않겠는가. 필자 역시 배우이기에 이러한 언급이 배우에게 짐을 지우는 것이 아닌가 걱정스럽기도 하지만, 앞으로의 배우들이 좀 더 강인한 정신력과 유연한 사고, 빠른 현장 적응도를 높여 더욱 자신의 연기를 멋지게 발휘하기를 바라는 마음으로 응원하며 써 내려간다. 관객은, 시청자는 보이는 것에만 반응할 뿐 그 연기가 도출된 과정까지 일일이 알 수 없고 알 필요도 없다.

배우는 감독의 디렉션을 즉각적으로 반영하여 연기를 창출하기도, 오랜 시간 협의하여 인물을 구축하기도 한다.[21] 아주 많은 부분을 배우에게 열어두고 배우가 자유롭게 연기하도록 최소한의 디렉션만을 주는 감독이 있는가 하면, 처음부터 끝까지 모든 것을 정교하게 재단하고 지정하여 아주 미세한 부분까지 관여한 디렉션을 주는 감독도 있다.[22] 앞서 언급한 것처럼 현장과 감독의 차이 정도다.

필자가 직접 경험한 바로도 어떠한 방식이 배우 자체와 더 맞고 덜 맞고 정도는 충분히 가늠할 수 있지만, 결과물은 그것과 상관없이 또 다를 수 있기에 대개 많은 배우들은 감독 각자의 스타일을 존중하고 디렉션을 수용하는 편이다. 아무리 전체를 보려 해도 배우는 자신이 연기하는 인물 위주로 보는 경향이 있을 수 있고, 감독은 아무래도 전체를 보고자 하기에 전반적인 균형과 조화를 위해 경청할 필요가 있다. 또 감독의 디렉션이 극단적으로 배우 생각과 다르지 않는 한.

특히 영상의 특성상 같은 장면도 여러 번 촬영을 진행할 수 있기에 감독이 원하는 버전과 배우가 하고 싶은 버전 등 다양한 기록을 남겨 최종 편집에서 가장 좋은 장면을 취사선택할 수 있다는 이점이 있다. 감독의 디렉션을 정확히 파악하고 맥락을 이해하여, 이에 합당한 인물을 창조하고 그것을 연기로 도출해내는 과정[23]이 촬영 현장에서는 매 장면 부여된다. 어찌 보면 계속해서 원활한 커뮤니케이션을 이뤄가는 과정이 곧 현장의 분위기를 좌우하고 작품의 질을 만들어내는 것이리라.

저마다 다른 현장에 각양각색의 감독이 있다. 감독 자신이 배우에게 원하는 연기를 얻는 방식까지 장면에 대한 해석, 연출 방식까지 모든 것이 다르다. 배우는 일생 작품을 위해 다양한 감독을 만난다. 그래서 감독의 지시를 '듣는' 법과 자신의 의견을 '공유'하는 방식부터 유연한 접근법을 익혀야 한다. 누구를 만나도, 어떤 현장이어도, 어떤 난관에 부딪혀도 최상의 연기를 발휘할 수 있도록 배우 자신이라는 연기 도구와 자신이 지닌 예술적 영감과 기술을 늘 조절할 줄 알고, 최상의 수준으로 발달시켜 유지하는 모양을 갖추면 좋지 않겠는가.

감독이 가장 관심 있는 것은 배우의 연기일 것이다. 물론 누군가는 외형을 관심 있게 본다거나 매력을 중요시하는 편차가 있을 수 있다. 그러나 모든 감독은 일관되게 함께 일하게 된 배우가 철저한 준비를 하기를 바란다. 너무나도 당연한 말이다. 대본과 인물에 대한 연구부터 인물들 간의 관계, 감독이 미처 보지 못하는 부분까지 배우에게 영감을 얻고 의존하게 되는 순간이 분명 있다. 그러니 우리는 준비된 배우, 영감을 줄 수 있는 배우가 되자. 서로가 서로에게 영감을 줄 수 있을 때 작품이 풍성해진다.

감독의 디렉션을 경청하고 또 배우가 연기를 하고 나면 늘 따르는 수순이 있다. 감독은 대부분 명쾌한 OK와 아쉬운 NG, 잘 모르겠는 Keep을 외칠 것이다. 그것보다 우선하여 신경 써야 할 것은 감독이 Cut을 외치기 전에 스스로 연기를 끊지 마라. 그건 현장에서 암묵적인 우리의 약속이다. 감독이 컷을 하기 전이라면 배우는 어떻게든 장면을 이어가고 연기를 지속해야 한다. 어쩌면 감독은 자신이 컷 하지 않은 그 순간에 도출될 번뜩이고 생기 가득한 색다른 연기를 바라는 것일 수도 있다.

4) 즉흥 연기

즉흥 연기는 배우 자체의 완전한 세계다. 즉흥 연기의 압도적 매력이라면, 각각의 배우가 지닌 하나의 세계를 온전히 들여다볼 수 있는 흥미진진함이다. 영상 매체를 근간으로 한 영화, 드라마 등에서의 연기는 몇몇 특수하고 차별되는 지점이 존재하기에 배우의 즉흥 연기 도출도 중요한 위치를 담당한다. 이 책에서 강조하고 싶은 즉흥이라 함은 연기를 즉흥적으로도 행할 줄 아는 능력과 인물에 입체감을 더하는 독창적이고 자발적인 연기 세계를 의미하며, 그저 쓸모없는 무분별한 애드립이 아닌 작품과 감독의 요구를 명확하게 이해하고 빠르게 몰입하여 즉각적이고 창의적 연기로 도출해낼 수 있는 자질을 말한다.

영화 〈살인의 추억〉 메이킹 필름에는 즉흥 연기에 관한 감독과 배우의 흥미로운 담론이 등장한다. 배우 송강호는 1분 1초에 따라 달라질 수 있는 인간의 감정을 언급하며, 영화 촬영에서 몇 테이크가 가도 똑같은 연기를 고집하거나 같은 연기만 반복하는 건 다소 기계적이라 말한 바 있다. 영상 연기에 있어 충분히 공감할 만한 지점이다. 봉준호 감독은 현장에서 즉흥적으로 만든 대사를 배우에게 던져줬을 때 배우가 자신의 영감으로 각기 다른 연기를 보여주면 편집실에서 골라 쓸 때의 쾌감을 표현한 바 있다. 이 연기적 쾌감의 전제 조건은 감독의 주문을 찰떡같이 알아듣고 자신이 맡은 인물을 명민하게 이해한 후 즉각적으로 연기 도출을 할 수 있어야 한다는 것, 심지어 여러 형태로 변주하여 역동적인 연기가 기반이 되어야 한다는 것이다.

일반적으로 오디션이나 입시에 즉흥 연기가 포함된 경우가 있다. 이는 '감각'을 보는 과정에 해당한다고 본다. 물론 이외에도 배우가 지녀야 할 여러 자질을 점검하는 과정이겠지만 '연기 감각'을 가장 자연스럽게 볼 수 있는 순서이기도 하다. 예시로 자유 연기는 말 그대로 가장 자신 있고 잘할 수 있는 것을 준비해오는 경우가 많다. 지정 연기는 누구나 가장 철저히 준비해 올 것이다. 그러면 결론적으로 열심히 성의껏 준비했다는 전제하에 자유 연기, 지정 연기를 못할 가능성은 희박하다.

만약 아쉬움이 발생했다면 해석이 달랐거나, 어느 부분에서 준비가 덜 되었거나, 제작진이 바라는 톤이나 이미지가 아니거나, 기본적으로 재능이 없거나, 너무 긴장하고 떨어서 실력 발휘를 못했거나 등의 이유일 것이다. 대부분 자신이 준비한 대로 잘할 것 같은 자유 연기와 지정 연기를 제외하면, 어쩌면 배우 본연이 지닌 연기 감각과 자발성을 가장 정확히 볼 수 있는 지점은 즉흥 연기일 수 있다. 가요 무나카타 역시 배우의 즉흥 연기에 자발성이 얼마나 중요한지를 언급하며, 자발성은 주저하지 않는 생동감을 동반한다고 밝힌 바 있다. 똑같은 상황과 환경에서 동일한 즉흥 장면을 제시했는데 누구는 독창적이고 풍성하며 설득력 있게 그려내고, 누구는 빈약하고 볼품없는 연기를 내보인다.

영화 〈조커〉의 토드 필립스Todd Phillips 감독은 인터뷰를 통해 호아킨 피닉스의 연기 방식과 예측 불가능성이 조커 캐릭터에 어울린다고 극찬하였다. 그는 현장에 카메라를 설치하고 배우가 원하는 대로 연기가 펼쳐지게 놔두며 리허설 없이 그저 상황이 흘러가는 것을 지켜보는 방식을 택하였고, 그렇게 해서 사전에 의도한 바나 계획한 것 없이도 수많은 명장면을 탄생시켰다. 호아킨 피닉스가 냉장고에 들어가는 장면, 살인 후 춤을 추는 장면 등은 모두 배우의 즉흥 연기에서 비롯되었다. 스태프 250명이 밖에서 기다리는 동안 서로에게 영감을 받은 배우와 감독 그리고 촬영 감독은 좁은 방에서 촬영을 이어가며 놀라운 장면을 완성했다고 밝힌 바 있다.

즉흥 연기는 가장 기대되는
연기 변주의 향연이다

영상 연기는 수시로 변하는 기상과 현장의 상황, 연기의 연속성과 씬scene의 연결을 일일이 고려할 수 없는 촬영 스케줄, 현장에서 처음 만날 수도 있는 동료 배우 및 스태프들과의 원활한 호흡, 촬영 사이사이 계속 주문되는 감독의 지시 등 무대와는 또 다른 속성이 있다. 그렇기에 순간적인 주의 집중과 고도의 몰입으로 즉흥 연기의 방식을 사용해야 할 때도 많다. 물론 앞서 언급한 것처럼 동료 배우 및 감독이나 스태프들과의 합의도 필요하고 극적 흐름을 방해하지 않는 선에서의 창의적 즉흥 연기 발화를 뜻한다.

스타니슬랍스키는 배우가 온갖 상황과 시간, 모든 인물에 적응할 줄 알아야 함을 강조하며, 배우가 '예상 밖의 적응'을 할 때 사람들이 놀라고 즐거워하는 '압도적 의외성'에 주목하였다.[24] 바꾸어 말하자면 예상 가능하고 틀을 벗어나지 못하여 새로운 것 없는 정형화 된 연기는 압도적일 수 없다는 것과 맥락을 같이한다.[25] 즉흥 연기는 말 그대로 즉흥적이지 않은가. 여기서도 오래 계산하고 꾸며낸 연기를 하는 것은 연기에 있어 너무 관습적이고 관성적으로 굳어진 탓이다. 보편적으로 즉흥 연기를 그저 본격적인 연기 전 몸풀기 정도나 가벼운 훈련쯤으로 여기는 경우가 많다. 그러나 미하일 체홉이 인물 창조의 마지막 단계에 가서야 즉흥 연기를 수행한 것을 보면, 즉흥 연기는 인물 구축의 완성일지도. 루스 자포라Ruth Zaporah는 즉흥을 뒤로 걷는 것에 비유하였다. 시작은 확인이 되지만 어디로 가게 될지는 알 수 없다는 의미로, 즉흥 연기는 과거나 미래에 대한 속박에서 벗어나 '현재 이 순간에의 집중'이 가장 중요하다는 것을 내포한다.[26]

즉흥 연기는 단순하고 명료하며 쉽게, 순간에의 집중으로 보여줘야 더욱더 독창적이다. 생각을 너무 많이 하는 것도 연기라는 마술적 과정을 훼손할 수 있다.[27] 영화 〈욕망이라는 이름의 전차 A Streetcar Named Desire, 1951〉〈대부The Godfather, 1972〉 등으로 잘 알려진 배우 말론 브랜도Marlon Brando는 즉흥 연기의 대가로 알려져 있다. 이 순간의 처한 상황에 어울리는 가장 정확한 감정을 명쾌하게 표현하는 것으로 유명하다. 즉흥 연기는 배우 자신의 고유한 매력이 가장 잘 드러나는 부분이기도 하다.

시시각각 바뀌는 외부에 자신을 천연덕스럽게 내맡기는 유연한 '돌발성'이야말로 연기의 전형성을 탈피한 자신만의 '독특성'으로 발현된다. 배우가 연기의 형태나 연기 접근 방법에 고정이나 고착되지 않고, 끊임없이 연구하여 자신만의 연기 방법론을 찾아 연기 양식을 구축하는 것은 배우 자신의 연기 세계 확장을 이루는 철학적 순간이다. 자기 복제와 타자 복제만을 반복하는 이미 규정되고 사용된 낡은 연기를 벗어던지자. '새롭게 생성된 순간의 발견'[28]을 할 줄 아는 것이야말로 연기 예술가, 배우의 몫이다.

5) CG 연기

기술과 영상의 비약적 발전으로 작품은 말할 수 없이 완벽한 자유를 획득했다. 컴퓨터 그래픽을 포함한 다양하고 전문적인 후반 작업으로 인해 이제 스크린은 상상의 세계를 모두 구현할 수 있게 되었다. 특히 장르 및 소재와 서술적 측면에서 이제껏 볼 수 없던 풍성한 내용 및 방식이 등장하였다.

1937년 월트 디즈니Walt Disney 역사상 최초의 장편 애니메이션 영화인 〈백설공주와 일곱 난쟁이Snow White and the Seven Dwarfs〉가 탄생했다. 해당 영화는 세계 최초의 풀 컬러 극장용 애니메이션[29]이기도 하다. 영화 제작 당시, 제작팀은 캐릭터의 움직임을 참고하기 위해 안무가이자 배우인 마지 챔피언Marge Champion을 고용했다. 제작진에 따르면, 백설공주 캐릭터를 더 생동감 있고 입체감 있게 완성하기 위해 실제 모델이 필요했다고 한다.[30] 즉 챔피언의 외모와 동작, 손끝과 발끝의 섬세한 움직임 하나하나가 백설공주 캐릭터를 구현하는 데 도움을 주어 마침내 그 캐릭터가 완성된 것이다.

영화 〈승리호2021〉에서 한국 영화 최초로 모션 캡처motion capture 연기에 도전한 배우 유해진은 자신이 연기를 하면서도 과연 화면에 캐릭터가 어떻게 나올지 궁금했던 신선한 경험에 대한 소회를 밝히기도 했다.[31] 영화의 모션 캡처 연기는 배우가 마커를 몸에 찍고 카메라 앞에서 연기하면 그 움직임 정보를 인식해 데이터로 변환해서 디지털 캐릭터가 화면에 구현하게 되는 것[32]을 말한다. 새로운 장르가 발생하던 애니메이션 초기 작업에도 배우의 연기는 새로운 시도에 중요한 촉발이 되었으며, 그린 또는 블루 스크린 앞에서의 CG 연기와 모션 캡처 연기는 현대 시대 배우들이 거치는 필수 작업 중 하나가 되었다. 그야말로 영상 속에서 실현 불가능한 부분은 줄고 작품이 지닌 가능성은 커졌다.

그와 함께 배우의 연기에 있어서도 새로운 방식들이 생겨나기 시작했다. 전통적인 연극의 시대에서 영화의 탄생으로 영화 연기가 시작되며 연기는 더욱 세밀해지고 사실적인 모습을 추구하게 되었다. 물론 이마저도 무성 영화 시절과 유성 영화 시절은 또 다름을 앞서 언급한 바 있다. 마이크를 쓰지 않던 전통 무대 연기의 방식에서 현대 무대 연기는 마이크를 적절히 활용하며 극의 효과를 배가시키고 있다. 또 영화, 드라마, TV-CF 등 영상 작품이 컴퓨터 그래픽과 결합하기 시작하며 배우에게도 새로운 연기의 적응이 필요하게 되었으며, 많은 배우가 CG 연기의 고충과 새로움, 대단함 등을 경험하고 있다.

본격적으로 영화에 컴퓨터 그래픽이 사용되며 이제 작품에 시도해볼 수 없는 것은 없게 되었다. 그야말로 관객에게도 신세계가 펼쳐지는 것이다. CG 연기는 그린 또는 블루 스크린을 세워놓은 채 허공에 대고 눈앞에 아무것도 없지만, 마치 모든 것이 있는 것처럼 오직 상상력과 정해진 위치 정도에 의지해서 연기한다. 배우 역시 실제 작품에 해당 장면이 어떻게 구현될지 정확히는 모르지만, 최선의 연기를 선보여야 하고 CG와 자신의 연기가 어떻게 어우러질지 기대하게 된다. 배우에게는 컴퓨터 그래픽과 완벽한 결합을 이루는 정교하고 독창적인 CG 연기 구현이라는 또 하나의 숙제가 생긴 것이다. 그래서 지금 시대의 배우는 끊임없이 배우고 훈련하며 연기해야 한다. 화면에 어떻게 나올지 알 수 없어 더 걱정되고 답답한 순간이 있지만 우물쭈물하다가 나중에 후회하지 말고 자신 있게 연기하자.

　　우선 우수한 CG 연기 발화를 위해서는 '정교한 상상력'이 동반되어야 한다. 연기에는 늘 상상력이 수반되지만, '정교한 상상력'이라 정의한 것은 CG 연기에 특별히 더 요구되기 때문이다. 배우의 연기가 모두 끝난 후 그 촬영된 결과물로 컴퓨터 그래픽과 정교한 결합을 이루기 위해서는 배우가 연기할 때 이미 타이밍과 예상 가능한 모든 것을 추측하여 더욱 정밀한 연기를 펼쳐야 함을 기억하자. 물론 이는 촬영 경험이 많을수록 적응도가 높아지고 더욱 유연해질 수 있는 부분이다. 그러나 애초에 현장 경험이 없는, 많은 전공생이나 훈련을 시작하는 배우들은 가만히 있을 것이 아니라 수많은 참고 자료를 찾고 조사하는 성의를 보여서라도 그 분위기나 현장 상황을 미리 익히며 여러 준비를 해보는 것도 연기에 도움이 될 수 있다.

　　CG 연기를 처음 접해본 배우들은 그 아무리 프로 배우라 해도 먼저는 당황스러움을 표하는 경우가 많다. 아무것도 없는 블루 스크린 앞에서 자칫 우스꽝스러울 수도 있는 현장 상황에 살짝 민망해지는 순간이 올 수도 있고, 혹은 장면을 완성시키는 그 무언가를 정확히 가늠할 수 없기에 연기하기 좀 더 어려운 지점들이 존재한다. 그러나 배우라면 금세 또 몰입하여 연기로 인물을 승화한다. 근래에는 데이터 연기에 의해 배우들이 부분만 연기하게 되는 현상도 함께 생겨났다.

〈아바타: 물의 길Avatar: The Way of Water, 2022〉은 단 두 장면을 제외한 영화의 모든 장면에 CG를 사용한 것으로 알려졌다.[33] 대단한 기술력으로 시도를 멈추지 않았고 관객을 만족시켰다. 그와 다르게 영화 〈미션 임파서블: 데드 레코닝Mission Impossible: Dead Reckoning PART ONE, 2023〉은 절벽 오토바이 낙하 장면과 같이 자칫 CG일 것 같은 장면조차 대역과 CG 없이 실사 촬영으로 배우가 직접 소화해 놀라움과 만족감을 남겼다.[34] 이제 무엇을 상상하든, 스크린은 상상 그 이상을 구현하는 시대이다.

때로 배우를 마치 작품을 위해서는 불가능이 없는 사람으로 보는 시선도 있다. 배우 자신도 배우의 의지로 여러 어려운 장면이나 연기도 직접 소화하려는 때가 많다. 그러나 이것은 완벽한 안전 점검 및 철저한 사전 준비에 기반하여 이루어지는 경우가 대부분이다. 그야말로 전문가들의 철저한 준비와 섬세한 의견 교류를 거치고 행해지는 작업의 과정인 것이다. 직접 해내고 완벽히 구현해내는 영화적 쾌감을 향해 열차는 계속 나아간다.

5

대본 분석

흔히들 대본 분석을 연기할 인물 혹은 대사에만 국한하여 분석하는 경우가 있다. 그러나 이것만으로는 부족하다. 이 책에서의 대본 분석은 작가 분석, 작품 분석, 인물 관계도 분석, 인물 분석, 사건 분석, 대사 분석 등 모든 것을 포함한다. 이 모든 것의 총체를 대본 분석이라 칭한다. 대본 분석을 소홀히 하는 것은 별로 절실하지 않다는 얘기다. 절실하면 알고 싶고, 알고 싶으면 계속 연구하고 탐구할 수밖에 없다. 무언가를 좋아하고, 누군가에 관심이 있다는 건 계속 궁금하고 보고 싶은 마음이 드는 거니까.

1) 작가 분석

작품은 작가의 세계관을 담는다. 담을 수밖에 없다. 사람이 하는 일 아닌가. 그런데 작가에 대한 이해와 분석 하나 없이 그 작품을 오롯이 다 이해했다 할 수 있겠는가. 인간관계도 서로 아예 모를 때는 낯설고 이해하기 어려운 부분투성이다. 그러나 대체로 관심을 가지고 상대를 조금 알아가다 보면 그만큼 이해의 폭도 넓어지고 오해가 덜 생긴다. 언제인가 헤르만 헤세의 글에 빠져 매일을 그의 글로만 채우던 때가 있었다. 책을 읽으며 작가 자체에 대한 궁금함이 생겨 작가의 일생과 성향, 그의 삶과 고민의 흔적을 따라가보니 그것이 곧 그의 글이고 그의 철학이며 그의 문학과도 맞닿아 있더라. 마찬가지로 클래식 음악 하나를 들어도 작곡가에 대해, 그 곡이 쓰인 계기나 역사를 알고 들을 때와 모르고 들을 때 그 깊이는 다르다.

　　　대학교 신입생 시절, 피아노 연주회에 갔을 때 일이다. 피아노는 배워서 칠 줄 알지만, 연주되는 곡에 대한 이해가 전혀 없으니 세상 그렇게 졸릴 수가 없었다. 어렴풋이 기억하기로 처음에는 연주자의 실력이 놀라워 집중을 하다가 계속되는 잘 모르는 곡의 향연에 지친 것이다. 패키지여행을 가본 사람은 알 것이다. 가이드가 각 나라의 주요 관광지를 둘러보며 쉴 새 없이 관련 인물과 역사를 설명한다. 아무것도 모르고 볼 때와는 또 다르기 때문이다. 물론 때로는 아무 정보도 없이 우연히 마주한 낯선 미술 작품에 반해서 그 아티스트가 누구인지 궁금해지기도 한다. 어쨌든 아는 만큼 보이고 아는 만큼 향유한다. 작가와 그 작가의 세계관이 녹아든 그의 작품은 유기적으로 연관되어 있다. 어떠한 방식으로든. 여기서부터의 이해이다.

　　일반적으로 드라마는 대체로 작가 따로, 연출하는 감독 따로인 매체이다. 말 그대로 작가는 글을 쓰고 감독이 영상 연출을 한다. 영화는 어떠한가. 대부분 감독이 직접 글을 쓰고 연출까지 한다. 즉 감독이 곧 작가이자 연출이다. 일례로 KBS 대하 사극 〈정도전2014〉은 조선 시대의 정치를 다룬 드라마다. 이 드라마의 작가 정현민은 실제 국회 보좌관 출신이다. 해당 드라마로 대중에게 작가로서의 이름을 각인시켰으며, 이후에도 현대 정치 이야기를 그린 드라마 〈어셈블리2015〉를 선보였다. 영화 〈건축학개론2012〉으로 한국 멜로 영화에 신선한 바람을 불어넣은 이용주 감독은 실제 건축학도였으며, 건축사무소에서 일한 경험까지 최대한 살려 영화의 질과 사실성을 높였다. 작가가 가장 잘 아는 이야기를 작품에 자연스럽게 녹여낸 예이다. 신연식 감독은 한 인터뷰에서 글을 쓸 때의 세 가지 단계에 대해, 첫 번째는 자기 경험이라 언급한 바 있다.[35]

　　필자 또한 배우이자 연기학과 교수이며 해당 분야 연구자로, 본 책을 통해 오랜 관심사이자 연구 대상이며, 가장 경험치가 크면서 상대적으로 가장 잘 아는 분야의 이야기를 풀어내고 있다. 기독교인은 아닌 필자의 지인이 어느 날, 자신이 기독교인은 아니지만 성경은 전 세계적인 베스트셀러best seller이니 한번 읽어보려 한다고 이야기하는 것이다. 그 이야기를 듣고는 성경을 읽다 보면 반드시

예수 그리스도Jesus Christ가 궁금해질 수밖에 없을 거라며 혼자 속으로 생각하던 때가 있었다. 그러니 굳이 순서를 따질 필요도 없겠다. 작품을 보다 보면 자연스레 작가부터 등장인물과 공간이 궁금해지기도, 또 작가가 좋아서 일일이 작품을 찾아보기도 하니까. 해당 장을 통해, 작품의 이해는 결코 작가의 이해와 동떨어진 부분이 아니라는 것만 기억하면 되겠다.

2) 작품 및 세계관 분석

좁게만 보지 말자. 연기하는 인물에 집중하는 것은 좋지만, 그 인물에만 함몰되지는 마라. 더욱이 대본 분석이라는 과정을 거칠 때는 말이다. 더 넓게 더 크게, 대본의 전체를 볼 줄 아는 눈을 키워야 한다. 그리고 세심하게 들여다보고 정독해라. 대본 분석을 할 때 작품의 시대 및 배경, 장르, 역사와 세계관, 주제를 파악하는 것은 기본 중의 기본이다. 작품이 세상에 던지고 싶은 메시지가 무엇인가를 파악하고 싶다면 작품 전체를 깊이 향유할 수 있어야 한다. 텍스트에서 작품을 꿰뚫는 새로운 통찰을 얻으려면 껍데기를 지나 속까지 들여다보는 안목과 철저한 조사와 연구를 동반해야 한다. 과연 작품을 통해 작가가 무얼 말하고 싶은 것인지 고민하고 찾아내라. 호기심 가득한 눈으로 작품을 탐독해라.

　　실제 역사나 사건, 실화를 바탕으로 한 사건이면 더욱 철저한 고증이 필요하다. 어떤 전문 분야에 관한 이야기를 다루고 있다면 해당 분야에 대한 부지런한 조사가 필요하다. 얼마나 조사하고 분석하고 이해했느냐에 따라 연기의 깊이가 달라진다고 해도 과언이 아니다. 쉬운 예로, 전문 용어를 얼마나 잘 알고 자연스럽게 쓸 수 있느냐와 잘 모르지만 쓰인 대로 대충 뱉는 것은 큰 차이가 있다. 연기 디테일이 달라진다.

또 내용의 완급과 역동성을 연구할 필요가 있다. 절정을 이루는 장면과 그 강도가 감소하는 부분, 다시 클라이맥스를 맞이하는 장면 등을 파악할 수 있어야 한다. 많은 연구와 조사가 필요한, 혹은 전문 용어가 난무한 어려운 대본을 만나면 배우는 공부하는 데만도 큰 시간과 공을 들여야 한다. 그런데 이는 당연한 것이다. 필자는 배우에게 지성이 꼭 필요하다고 생각한다. 지성 즉, 지적 능력이나 지적인 사고에 근거한 문제 해결 능력이 필요함은 배우가 어떠한 인물을 만나게 될지 모르니 그 인물을 면밀히 살피고 이해할 수 있는 능력을 키워, 공감과 소통을 더 할 수 있어야 하지 않을까.

연기라는 것은 작품의 시대를 살아내야 하고 작품의 세계관에 빠져들어야 한다. 작품에서 하나의 인물을 살아내기 위해 세계관 이해는 강조됨이 마땅하다. 이제 세계적으로 복잡하고 방대한 세계관을 선보이는 작품이 많아졌다. 대표적으로 마블Marvel Cinematic Universe 영화가 그렇다. 마블의 작품들은 이 세계관을 공유한다. 이 세계관을 세세히 다 몰라도 작품을 감상할 수 있다. 그러나 속속들이 세계관을 알 때 누리는 풍성한 맛은 더 커진다. 이제 영화도 드라마도 계속해서 시리즈물로 관객을 찾는다. 이렇게 되면 관객 입장에서도 연결된 여러 편의 이야기에 갑자기 끼어들어 감상하기 어려운 지점이 어느 순간 존재할 수 있다. 이른바 진입 장벽이 높다는 것으로 이해할 수 있다.

배우 또한 마찬가지다. 까다롭고 광대한 작품의 세계관을 이해하지 못하면 제대로 된 연기를 하기 힘들다. 제작과 연출 또한 완벽히 탄탄하게 준비하지 않으면 어설프고 빈틈 많은 내러티브로 세계관이 완전히 무너지는 경험을 자초할 수 있다. 2024년 초에 공개된 최동훈 감독의 신작 〈외계+인〉 2부는 1부와 동시 제작 및 촬영을 마쳤으며 아마도 세계관 설계에 큰 공을 들였을 것이라 짐작할 수 있다. 실제 1부가 개봉할 때 배우 인터뷰만 봐도 이 세계관 이해에 대한 언급이 많았다. 그렇기에 작품의 세계관은 기획부터 잘 설계되어야 하며, 배우 역시 이에 대한 충분한 이해가 수반되어야 한다. 실제로 감독은 2부를 편집할 때, 혹여 1부를 보지 않은 관객이라도 2부에 쉽게 스며들 수 있도록 공들였다고 밝힌 바 있다.

연기는 활자로 쓰인 작품을 잘 살아내 생생한 인물과 또 하나의 삶으로 탄생시켜 증명하는 작업이다. 기독교 신앙과 설교에서 종종 등장하는 '말씀을 살아내라'라는 표현이 있다. 말 그대로 말씀을 보고 읽고 아는 데서만 그치지 말고, 삶에서 말씀이 생생하게 살아 움직이게 잘 살아내라는 의미이다. 그게 진짜 믿음의 증거임을 강조하면서 말이다. 연기 예술 또한 닮아 있다. 대본과 시나리오를 보고 읽고 아는 데서만 그치고 이해하는 것에만 머물면 부족하다.

그것을 아주 정교하게 잘 표현하고 인물의 삶에 녹여 차곡차곡 살아내는 것이 연기다. 작품은 그렇게 관객에게 여운을 남기고 파동을 일으키며 공감을 끌어낸다.

시나리오를 살아내라

작품을 살아내라

연기를 하다 보면 물론 타고났거나 발달한 직감만으로 훌륭할 때도 있다. 그러나 지성이 더해져야 할 순간이 분명 있다. 배우가 하는 연기 작업을 감정과 감성의 논리로만 다루는 것은 매우 제한적이며 아쉬운 부분이다. 그 이상의 것을 이해하고 볼 줄 아는 통찰력이 지금의 배우에게 요구된다. 작품 전체를 다방면에서 이해하고 분석한다면 자연스럽게 인물에 가까워지는 지점이 생긴다. 인물의 외형과 내면이 머리에 이미지로 그려지고 가슴으로 느껴지기 시작한다. 그렇게 배우는 인물 분석에 본격적으로 들어서게 된다.

3) 인물 관계도 분석

인간이 상호작용하고 소통하며 살아가는 것처럼, 연기도 그렇다. 유기적으로 연결된 인물들의 상호작용은, 또 거기로부터 파생된 각각의 영향력은 중요하다. 연기는 혼자 하는 작업이 아니다. 더욱이 각

인물의 관계가 중요한 이유이다. 상대가 누군가에 따라서 그 관계 가운데 쌓인 경험과 정서와 감정선이 다르다. 일상생활에서도 우리가 누구를 만나냐 어떤 관계냐에 따라 상대를 대하는 태도와 말투가 달라지는 걸 스스로 깨닫거나 목격한 적이 있을 것이다. 이것이 바로 관계성이다.

누군가와 그간 나눈 시간과 사건을 통해 쌓은 역사만큼 정서적 유대감이 높거나 아예 없을 수 있다. 애증의 관계이거나, 철저한 비즈니스 관계이거나, 핏줄이거나 등등. 같은 말이라도 어떠한 관계이며 어떠한 상황과 감정선을 지닌 상대를 대하느냐에 따라 미묘하게 혹은 극명하게 말투와 표정, 자세와 태도가 달라진다. 이 단순한 예만 보더라도 인물 관계성을 파악할 이유가 되지 않는가.

짐작하건대 누구든, 대부분 연기 잘하는 상대 배우를 만나고 싶어 할 것이다. 연기의 상호작용과 소통의 중요성을 알게 되면 기왕이면 좋은 연기를 펼치는 상대를 만나 그 기운과 에너지를 주고받고 싶은 게 인지상정이다. 많은 배우가 상대 배우와의 호흡이나 중요성을 언급한 인터뷰를 쉽게 찾아볼 수 있다. 특히 영상 연기에서 리액션은 매우 중요하다. 영화에서 가장 흥미진진한 클로즈업은 지금 대사를 하고 있는 배우가 아닌, 그것을 듣고 있는 상대 배우의 반응 클로즈업이라고 해도 과언이 아니다. 상대방이 대사를 하고 있을 때 그것을 들으며 반응을 보이는 배우의 표정, 화면을 통해 다들 자주 봤을 것이다. 어떨 때는 대사를 하고 있는 배우보다 거기에 반응하는 다른 배우의 얼굴이 더 많이 화면에 보이기도 한다. 그래서 배우에게 듣는 능력이 가히 필수적이다. 오직 말하는 것에만 치중하여 연기하는 것은 아쉬움이 남는다. 듣는 척이 아닌 진짜로 상대의 말을 들어야 한다.

연기에 있어 가장 중요한 것은 '경청'이다. 성의 있게 듣지를 않는데 어떻게 제대로 된 말을 할 수 있겠는가. 그냥 혼자 일방통행 연기를 하는 거지, 그 안에서 서로 무슨 교류와 작용이 있겠느냐 말이다. 그런 상황에서 흔히들 말하는 케미chemistry가, 좋은 호흡이 발생할 리 없지 않은가. 주구장창 내 연기만 하는 것으로는 턱없이 부족하다. 연기의 희열은 상대와 교감하는 것이다. 자아도취에 빠진 자기만족이 아닌, 나아가 관객에게까지 끝끝내 도달하는 것이 치열한 연기의 목표이고 방향이지 않을까.

액션action만큼 중요한 것이
리액션reaction이다

상대의 말을 경청하고 인물들의 관계와 상황에 진심으로 집중하기만 해도 진정성 가득한 감정과 연기가 나올 수 있다. 꽤 괜찮은 눈빛, 어울리는 표정과 함께. 인간이 더불어 살아가는 데 경청과 소통, 공감 능력만큼 중요한 것이 또 있을까. 연기도 별반 다를 것이 없다. 연기는 결국 사람과 삶을 표현하는 예술이니까.

4) 인물 분석

실제 작중 인물이 할 것 같은 아주 지극히 개인적이고 비밀스러운 생각까지 유추해서 반영하고 인물의 삶을 조율하는 일이 연기 연구이다. 사실 많은 배우는 본인이 맡은 인물 분석에 가장 많은 공을 들인다. 당위성과 설득력을 지닌 개연성 있는 인물로 관객을 납득시키려면, 이보다 중요한 것이 무엇이겠는가. 그만큼 세밀한 인물 분석은 중요하다. 인물 분석을 할 때는 먼저 텍스트를 성실히 봐야 한다. 작가의 숨겨진 의도, 대사의 서브 텍스트, 행간 등을 잘 살펴보아야 한다. 가시적인 부분과 비가시적인 부분들까지 배우는 파악하고 이해할 수 있어야 한다. 또 중요한 것은 상상력의 발휘이다. 드러나 있는 부분을 잘 표현하는 것이 우선이지만, 드러나 있지 않은 부분에 대하여 창의적 상상력을 가동하는 것도 필요하다. 인간은 그 어떤 존재보다 드라마틱하다. 언제나 배우에게 적극적이고 풍성한 상상력이 동반되어야 하는 이유이다.

연기는, 어떻게 이럴 수 있지? 왜 이런 말과 행동을 하지? 왜 이런 눈빛을 하지? 왜 저런 표정일까? 등의 물음에 계속해서 답을 찾아가는 과정이다. 물음표가 있어야 느낌표가 생긴다. 대중적인 아티스트 아이유는 한 인터뷰에서 자신이 가수로 일할 때는 질문을 받고, 배우로 일할 때는 질문을 한다고 표현했다. 이처럼 질문하는 것을 두려워하지 마라. 질문하지 않는 연기는 있을 수 없다. 끊임없이 질문하여 마침내 그 인물에 도달하는 것, 그것이 연기다. 한 인물의 역사를 만들어가고 몸에 밴 습관과 성격을 파악하며 걸음걸이, 말투, 자라온 환경, 트라우마, 가치관, 이상향, 치명적인 허점 등 최대한 다양한 부분을 찾아내고 부여하며 상상할수록 인물은 풍성해진다. 그리고 명확하게 그려진다.

배우에게 인물 분석은 외형과 내면의 분석이 함께 이루어져야 한다. 너무 한쪽에만 치우치면 결핍이 생기고 빈약해진다. 결국 극을 생기 있게 하는 것은 재현되고 창조된 생생한 인물이기에, 하나의 인물에게 투영된 내면이 내적 경험을 거친 후 외적 형태에 덧입혀지게 되는 것이다. 배우는 작품과 어울리는 최대한 사실적인 인물을 만들기 위해 공을 들인다. 특히 영상은 이미지의 예술 아닌가. 누가 봐도 그럴싸한 실제로 존재하는 인물을 만드는 것, 이 또한 사실적 표현을 위한 영리한 노력이다. 이 모든 것이 캐릭터 빌드업 character build-up의 과정이다. 외형이라는 것이 비단 외형의 생김새와 이미지만을 언급하는 것은 아니다. 작품 내 인물의 외형적 특징이나 습관을 잘 살려내는 것까지 내포한다. 더불어 외면에 나타나고 묻어나는 내면도 의미한다. 그게 곧 인물의 사실성이 된다. 그렇다면 배우에게는 성실하고 탁월한 인물 구축 노력과 그럴만한 능력이 있어야겠다.

인물을 분석할 때는 인물의 성격, 나이, 전사前史, 가치관, 대인관계, 습관, 직업, 학력, 재력 등 한 사람의 일대기를 두고 분석해야 하는 부분이 참 많다. 그러한 것들을 분석하면서 인물의 강점, 결핍, 트라우마 등의 특이 사항들까지 가까이 고민하게 된다. 인물에 영향을 끼치는 상황과 환경, 가족관계, 자라온 환경, 사람 등을 파악한다. 인물의 주변과 역사를 연구했으면 이제 인물의 말투, 표정, 화법, 음성의 고저까지 신경 써야 할 부분이 많다. 배우가 극 중 인물을 만나면 대체로 맡은 인물처럼 사고하게 되고 이해의 폭이 넓어지는 경험을 하게 된다. 하나의 인물을 제대로 그려내기 위해서는 어떻게 해서든지 공감대를 확장하여 그 인물에 가서 닿아야 하기에 배우는 필사적으로 된다.

평론가이자 연출가인 아이작 버틀러Isaac Butler는 그의 저서를 통해 진정으로 인물을 만나고 인물에 걸맞은 존재가 되기 위해 영혼을 확장하는 배우의 임무를 언급한 바 있다. 영화 〈듄Dune, 2021〉의 드니 빌뇌브Denis Villeneuve 감독은 성숙한 영혼을 지닌 10대 소년 폴 역은 처음부터 티모시 샬라메Timothee Chalamet뿐이었다고 밝힌 바 있다. 이에, 배우 역시 배역의 영적인 면까지 인물과 연기에 담기 위해 노력했다고 응답했다. 영화 초반부에 주인공 폴이 독침으로 시험을 받는 장면이 등장한다. 두려움과 고통을 이겨내는 정신력을 온몸으로 표현한, 배우의 상상력 가득한 세밀한 연기에 필자 역시 굉장히 몰입해서 봤던 기억이 있다.

연기란 때로는 노골적이리만큼 직접적이기도, 때로는 형용할 수 없을 만큼 아주 은밀하고 간접적이기도 하다. 연기 예술은 사람을 표현하고 삶을 담아낸다. 결코 만만하거나 쉬운 작업이 아니다. 성경의 창세기 2장을 살펴보면, 연기 연구에도 아주 적합한 구절이 등장한다.

여호와 하나님이 땅의 흙으로 사람을 지으시고

생기를 그 코에 불어넣으시니 사람이 생령이 되니라[36]

흙으로 지은 사람에게 생기를, 즉 '생생한 기운'을 불어넣어 '살아있는 사람'이 되게 하였다는 성경의 창조 원리는 배우의 작업 원리와도 맞닿는 지점이 있다. 활자에 생기를 불어넣어 살아있는 인물로 작품에 존재하는 것[37]이 배우의 일이다. 아무리 좋은 시나리오라도 그것이 그저 활자로 남느냐, 인물의 삶으로 생생하게 살아지느냐는 배우의 몫이다. 연기는 살아 움직이는 생생함과 활력을 불어넣어 인물의 매력을 그려내고 생명력을 부여하는 숭고한 작업임을 기억하자.

배우는 고독하다. 연기 작업은 어쩌면 참 외로운 싸움이기도 하다. 삶을 누군가가 대신 살아줄 수 없듯, 그 누구도 배우를 대신해 연기해줄 수 없다. 연기가 뜻대로 되지 않는 수많은 상황과 순간을 마주하더라도, 그걸 넘어서야 하는 건 또 넘어설 수 있는 건 결국 배우 본인이다. 화려해 보이지만 실상은 배우와 그가 그려낼 인물, 이 둘의 고독 훈련인 것이다. 그러나 결코 이 훈련이, 이 과정이 나쁘지 않다. 오히려 연기에 있어 꼭 필요한 중요한 순간이라 말하고 싶다. 이러한 치열한 고민은 내적 성장을 이루어 어느 순간 인물과 하나가 되는 순간을 맞이하게 한다.

배우에게는 기꺼이 홀로, 그리고 함께하는 작업은 매우 중요하다. 배우뿐 아니라 모든 인간이 살아가는 데 홀로, 그리고 함께하는 순간은 늘 공존한다. 그렇기에 삶에서 이 둘의 균형과 조화를 이루며 살아간다. 연기 작업 또한 그렇다. 맡은 인물에 대한 치열한 고민과 이해의 시간을 갖는 과정, 연기하는 순간에도 배우에게 고독은 따른다. 그리고 모든 작업이 끝난 후, 몰려오는 알 수 없는 허탈함과 공허함도 혼자 감당해야 할 때가 있다. 그러나 작품을 함께하는 공동체와 협력하여 장애물과 어려움을 뛰어넘을 수도 있다. 그래서 연기는 지혜로운 '혼자'와 '함께'의 균형이 필요한 작업이다.

앞서 언급한 예처럼, 성경이라는 책을 제대로 이해하기 위해서는 하나님을 이해하고 성경을 이해하는 과정이 함께 따른다. 그래야 그 글이 함의하고 있는 속뜻까지 정확히 파악할 수 있다. 면밀히 살펴야 한다는 것이다. 어느 한 부분에만 치우치거나 침몰되면 위험하다. 전체를 두루두루 살필 줄 알아야 한다. 배우 입장에서 대본 분석을 할 때도 마찬가지다. 앞서 언급한 작가의 이전 작품이나 작가의 일생, 작가의 가치관이나 세계관 등 기본적인 작가 작품 분석과 인물 및 대본 분석이 함께 이루어지면 더 풍성한 작품 이해로 이어질 수 있다.

5) 대사 분석

배우가 작품에서 하는 말을 대사라고 한다. 연기를 하려면 대사, 대사와 대사 사이, 대사 이면의 숨겨진 의도와 맥락까지 볼 수 있고 채울 줄 아는 역량이 필요하다. 대사 분석을 할 때는 보이는 텍스트뿐만이 아니라 그 안에 숨겨진 서브 텍스트까지 파악할 수 있어야 한다. 겉으로 드러나는 대화보다 더 중요한 것은 대화 '이면'의 것, 함의된 의미와 내재한 의도 등이다. 즉 그 대사가 지니는 진짜 의미와 뉘앙스를 이해해야 한다. 표면적으로 드러나는 부분이 다가 아니다. 오히려 드러내지 않은 은근한 속뜻이 무엇인지 파악하는 것이 더 중요할 때가 있다. 그래서 행간의 이해가 필요하다.

　　명확히 말해 단지 대사만 인지하는 정도는 면밀한 대본 분석이 아니다. 대사를 충분히 외우고 습득하는 것은 연기를 하기 전에 꼭 수반되어야 할 필요한 과정이긴 하지만 더 중요한 것은 그 대사가 나타나게 된 배경이다. 모든 감각을 깨워 대사를 발생시키는 자극과 반응의 연관성을 이해한다면 대사를 잊을 확률도 줄어들 것이다. 기계적인 반복 암기 작업이 아니더라도 배역에 완전히 빠져들어 작중 인물이 되어 사고思考한다면, 저절로 그 인물의 말과 행동을 체득할 수 있다.

　　배우는 인물이 하나의 대사를 하는 목적과 이유를 분석하고 거기에 어울리는 말의 속도, 강약과 높낮이, 억양, 호흡과 쉼休止, pause 등을 고려하여 찾아가야 한다. 누군가는 대사 한번 치는 데 뭐가 이리도 할 것이 많냐 할 수도 있겠지만, 이러한 분석 방법도 있으니 무엇이 본인에게 잘 맞는 연기와 훈련 방법인지 찾아가는 과정이 배우에게는 필요하겠다. 우선, 배우는 인물이 지금 하는 말이 무슨 말인지를 실로 정확히 알아야 한다. 말보다 중요한 것은 그 말을 하게 한

원인이다. 모르면 알 때까지 연구하는 자세와 태도를 갖추는 게 어떨까. 사전이 필요하면 사전을 찾고, 검색이 필요하면 검색을 하고, 조사가 필요하면 조사를 해야 한다. 인터뷰가 필요하면 인터뷰도 시도해야 한다. 전문가를 찾아 검증의 과정을 거칠 필요도 있다. 주변에 참고가 될 만한 부분이나 인물이 있다면 관찰하는 것도 유익하다.

제대로 이해하지도 못한 내용을 낭독하는 수준에 그친 거짓 연기는 대중이 쉽게 눈치챌 수밖에 없다. 이보다 더 성의 없을 수가 있는가. 연기가 배우 안에서 체화된 진짜 말이어야 하지, 그냥 쓰인 글을 읽거나 흉내 내는 정도에 그치면 그 얼마나 볼품없는가. 진짜의 정성을 들인 대본 분석을 통해 진정성 있는 연기를 할 때 대중도 함께 울고 웃는다.

글을 읽지 말고, 인물의 말을 해라

대사 분석을 할 때는 자연스레 힘을 쏟아야 하는 부분, 힘을 빼야 하는 부분까지 분석해야 한다. 에너지를 쏟고 흘을 줄 아는 조절의 과정이 필요하다. 그런데도 이 모든 준비를 대충 건너뛰고 후루룩 대사만 치려는 것은 일종의 게으름이고 배우로서의 소임을 다하지 않는 자세 아닐까. 인간이 살아가며 모든 말을 힘주고 강조하며 살지는 않는다. 만약 그렇다면 생각만 해도 피곤하고 불편하지 않은가. 우리가 작중에서 만나게 될 하나의 인물도 그렇다. 수많은 말을 하고 있지만 결국 딱 하나, 꼭 하고 싶은 그 한마디가 뭔지 찾아내 보자.

핵심 문장을 찾아보라

이런 경험 한 번씩은 있지 않은가. 어떠한 그 한마디를 하기 위해, 이 한마디라는 목표로 가기 위해 수없이 뱉은 겉도는 이야기들. 그래서 상대적으로 덜 중요한 말들. 자 이제 대본을 펼쳐 장면에서, 작품에서 핵심 단어와 핵심 문장을 찾아보자. 어쩌면 그게 그 인물이 꼭 하고 싶은 한마디일 것이다. 어떤 구절은 버리고 어떤 구절은 강조하며 의미를 부여할 수 있다.

연기는 그 자체로 정신적, 육체적 소모가 상당히 큰 작업이다. 그도 그럴 것이 한 인물과 그의 삶을 살아내는 작업이 평탄하다면 그것도 이상할 일 아닌가. 개인적으로도 그 치열한 과정에서 오는 희열을 꽤 즐기는 편이다. 대개 배우는 대사 외우는 일에는 선수가 되어 있다. 대사는 자동 반사적으로 나올 수 있을 만큼 완벽히 외우고 숙지하는 것이 좋다. 가르치는 학생들에게 권면하기로는 자다가 일어나 화장실 갈 때도 자동으로 나올 만큼, 찌르면 바로 말할 수 있을 정도로 충분히 외우라고 조언한다.

실제로 필자도 그렇게 훈련한다. 아까 낮에 외운 대사를 새벽에 갑자기 눈이 떠지면 중얼거려본다. 감정 없이 대사만 읊조리는 형태로. 그래야 나중에 카메라 앞에 섰을 때 대사에 관한 생각과 압박에서 완전히 벗어나 몰입의 연기를 할 수 있다. 대사를 기억하는 것에 급급해 대사 떠올리기 바빠서 집중은 안 되고, 시선은 허공을 맴돌며, 감정에의 몰입은 멀어지는 것, 그 얼마나 속상한 일인가. 기본 중의 기본은 대사 숙지다.

배우에게는 각자의 연습 방법이 있다. 배우 송강호는 인터뷰에서, 대사가 100퍼센트 체화되지 않은 상태에서는 대사를 입 밖으로 잘 내지 않으며, 그럴 때는 대사를 국어책 읽듯이 연습한다고 말했다. 왜 그렇겠는가. 대사를 세밀하게 분석은 하되, 입 밖으로 많이 내뱉지는 않는 것이 연기의 고착화를 피하는 그만의 방법일 것이다. 필자도 이러한 방식을 취하고 있으며 실로 많은 배우가 지향하는 방식이기도 하다. 이유는 간단하다. 흔히들 말하는, 대사가 이상하게 굳는 것을 방지하기 위함이다. 제대로 체화하지 않은 상태에서 아직 소화되지 않은 말을 하면서 습관처럼 굳을 말을 경계하는 것이다.

물론 연습 방식이야 배우마다 다 다를 수 있다. 그러나 충분히 숙지하지 않은 상태에서 대사를 계속해서 연습하지 말 것, 똑같은 방식과 형태의 대사를 입 밖으로 많이 연습하지 않기를 권면하는 것은 그만큼 날것의 생생함이 퇴색될 수 있기 때문이다. 미묘하고 섬세한 한끗 차이가 배우의 연기를 완성한다. 충분히 느끼고 알고 나서 해도 늦지 않다. 완전히 체화되어야 진짜 내 말이 된다.

완벽한 대사 숙지와 충분한 분석을 하되
날것의 느낌, 대사의 생생함은 지켜라

완벽히 체화되지 않았다면
섣불리 내뱉지 마라

영상 연기는 사실 연극처럼 다 같이 모여 오랜 시간 연습할 것도 아니고, 기껏해야 대본 리딩 후 현장에서 리허설 한 번, 바로 합을 맞추는 게 대부분이다. 그런데 어쩌면 가장 많은 인원이 모여 연기하는 유일한 자리인 대본 리딩에 관한 생각조차도 각자 생각이 다른 순간이 있다. 한 인터뷰에 따르면, 로버트 드 니로Robert De Niro 와 호아킨 피닉스는 영화 〈조커〉 당시 이에 대한 이견이 발생했고, 감독은 둘 사이에서 이러지도 저러지도 못해 곤란했다고 회상한 바 있다.

드 니로는 전체 대본 리딩을 작품의 전체를 들여다보는 당연 히 필요한 절차로 여겨 모두가 참석하길 원한 반면에, '되는 대로'의 스타일을 추구하며 종종 대본 리딩을 기피했던 피닉스는 불참을 선 언했기 때문이다. 이후 피닉스는 대본 리딩에 참석은 했지만 시종 중얼거리는 말투로 대사를 읊는가 하면 대화를 요청하는 드 니로의 제안을 거절하였고 감독의 강한 만류 끝에 결국 한 자리에서 대화 를 마친 두 배우는 감독에게 아름다운 순간을 선사했다고 감독은 회고하였다.

인터뷰를 접하며 그 장면을 함께 떠올려 보니 자연스레 감정 이입이 되고 필자 역시 두 배우 모두 충분히 이해된다. 대본 리딩이 극도로 싫지만 선배 배우의 의견을 존중하는 차원에서 억지로라도 참석한 후배 배우, 억지로 참석해서 당연히 힘들었을 것을 잘 알기 에 리딩이 끝난 후 자신이 할 수 있는 가장 친근한 표현으로 후배의 볼을 어루만지며 마음을 다독여준 선배 배우. 내 것만이 답이 아니기에 좋은 작품이라는 하나의 공통된 목표를 위해 좀 힘들어도 서로의 다름을 인정하고 존중하려 노력한 그들의 결실이 관객을 만족시키는 작품으로 맺어졌을 것이다.

　　대본 리딩뿐 아니라 역할의 비중이나 여러 여건상 촬영 현장에서 처음 만나 연기를 펼치는 경우도 다반사다. 연극에 비해 모두가 모여 다 같이 자주 연습하는 그런 시스템 자체가 어렵다. 그런데 큰 문제 없이 늘 현장은 돌아간다. 그래서 배우 각각은 맡은 인물이 되기 위해 끊임없는 노력을 하고 현장에 도착한다. 이미 너무 익숙하고 너무 많이 해본 연기를 마치 처음인 것처럼 생생하게 해내기는 쉽지 않을 것이다. 오히려 너무 많은 연습이 때로 방해가 된다고 여겨질 때도 있다. 그렇기에 충분히 체화는 하되, 차라리 연습을 조금 덜 하는 것은 혹시 모를 정형화를 방지하고자 하는 나름의 방법으로 이해할 수 있다. 대사를 충분히 분석하고 소화하고 내 안에 습득했다면, 현장에서 그것을 잘 담은 채 있으면 된다. 입으로 너무 많이 뱉어 대사가 고착될수록 그대로 고정되어 변화를 주기가 힘들게 된다. 이것은 촬영 현장과 더 관련이 있다.

　　연기의 유연함이 떨어지면 현장에서 급격하게 다른 지시 사항이 들어와도 그것을 잘 받아들이기 어렵다. 그러니 변화된 연기로 발화가 안 된다. 영상은 여러 이유로 같은 장면도 반복하여 촬영한다. 예로 테이크take가 열 번이 가도 열 번 다 똑같은 감정과 대사 처리가 나온다면, 첫 번째 테이크에 끝내지 열 테이크나 가면서 연기를 다시 하는 이유가 대체 뭐란 말인가. 감독의 의도를 파악할 필요가 있다. 물론 기술적인 NG나 연기 이외의 부분으로 인해 새로 가는 테이크를 제외하고 말이다. 열 테이크를 가면 열 테이크를 다 다르게 연기할 수 있는 자질이 배우의 역량이다. 사실 똑같이 해달라고 해도 똑같이 할 수 없는 영역이 연기다.

연기하는 순간 연기煙氣처럼 사라지는 것이 연기 아닌가. 기계가 아닌 사람이 하는 예술 아닌가. 배우의 연기가 작품과 함께 보존되어 향유한다는 자체가 영상이 이룬 큰 성취다. 사실성과 자연스러움을 추구하되 예측 가능한 인물 표현은 벗어나고 싶은 열망이 배우에게는 있다. 그 독특하고 탁월한 지점이 주는 쾌감이 있다. 날것의 감각과 거기서 오는 감흥, 자연스럽고 생생한 즉흥성은 언제나 예측을 비껴가는 연기로 온다. 그래서 마이클 케인도 영화에서 지나친 연습은 오히려 해가 된다고 말했다.[38]

기계적인 연기를 경계해라

문어체를 구어체로 소화해내는 것이 연기다. 멋들어지게 문어체로 쓰인 대사를, 그 의미를 잘 유지하면서 구어체로 표현할 수 있어야 하는 작업이다. 작품에 들어가고 감독과 미팅을 할 때, 많은 감독이 묻는다. 혹시 대사에 불편함은 없는지. 그리고 더 편하게, 말하기 쉬운 형태로 표현해도 된다고 친절하게 얘기해주는 경우도 있다. 혹여 대사가 입에 잘 붙지 않아 조금이라도 어색할 것에 대한 배려이기도, 배우의 더 자연스럽고 좋은 표현을 내심 기대하는 것이기도 하다.

　　대본을 미리 다 읽어 뒷부분 내용까지 다 아는 배우는 자연스레 그것까지 함의한 인물을 연기하게 된다. 그러나 인간이 살아가며 앞으로 다가올 일을 알 수 없고 한 치 앞을 모르는 게 인생인 것처럼, 다 아는 뒷부분의 인물 서사를 빼고 지금 닥친 그 순간만 철저히 사는 것이 어쩌면 더 적절한 연기일 수 있다. 이미 다 알지만 아무것도 모르는 것처럼 배우는 인물의 삶을 살아내는 것이다. 활자로부터 인물을 창조해내고, 동시에 활자의 인물을 쏙 흡수하는 것이 배우의 일이다. 누구라도 영감을 주는 사람을 마다할 리 없다. 더욱이 창조적인 작업에서 그 창작물을 더욱 빛낼 새로운 발상이나 자극은 늘 필요하다.

　　배우와 감독은, 또 배우와 상대 배우는 서로 늘 그런 관계를 추구한다. 연기를 하고자 하는 그대라는 배우는 정체되어 고여 있으면 안 된다. 비단 이것은 연기에만 해당하는 것은 아니다. 같은 것도 다양한 관점과 시각에서 새롭게 해석하고 이해할 수 있어야 하며, 그걸 또 기가 막히게 표현해낼 수도 있어야 한다. 그러면 그다음 그 모든 연기를 모아 선택하고 조합하여 작품으로 내놓는 것은 감독의 영역이다.

감독은 작품으로 증명한다

배우는 연기로 증명한다

6

오디션과 캐스팅

배우라는 직업을 이끌어 갈 단 하나의 도구는 바로 자신의 외형과
내면이다. 신체와 이미지 등에 더불어 지성과 감성 및 이성과 영성
까지 모두 포함한다. 여기에서 영성은 좀 더 쉽게 영감으로 이해하
면 되겠다. 이 유일하고도 가장 대단한 도구인 배우 자신을 아무렇
게나 방치하거나 정성을 기울이지 않는 것은 얼마나 어리석은 일인
가. 그렇기에 스스로 건강하게 내면과 외형을 가꾸고 잘 비우고 또
잘 채우는 것이 곧 연기를 이끄는 동력이며, 자신의 외형과 내면을
잘 파악해야 그 시너지를 가장 잘 도출하는 좋은 연기도 발현된다.
그 무엇보다 배우 자체가 곧 호소력임을 기억하자. 호소력을 지닌
배우가 되는 길은 부단히 노력하고 상당한 인내와 열정이 동반되는

치열한 과정이기도 하다.

　좋은 연기를 위해 수반되어야 할 노력과 배우의 자질은 참 많다. 깊고 빠른 이해와 탁월한 분석력, 뛰어난 상상력과 창의적 표현력, 공감 능력과 유연함, 관찰력과 집중력, 순간적인 감각과 판단력, 동물적 본능과 식물적 감성, 인내심과 암기력, 근성과 도전 정신 등 너무 많아 일일이 나열하기 힘들 정도다. 배우의 역량 또한 다양하며, 오디션에 통과하는 것도 배우의 역량이 되었다. 배우가 작품에서 연기할 기회를 얻기 위해서 오디션은 필수 관문이다.

　그런데 이 연기할 기회 한 번 얻기가 참 쉽지 않다. 물론 누군가는 그게 쉬웠다거나 자고 일어나니 어느새 스타가 되었더라고 말할 수 있다. 그렇다면 감사하게 운도 따른 케이스라 볼 수 있다. 혹여 연기가 검증되지 않았는데 출연을 하는 매우 특이한 경우도 있을 수 있다. 그 모양과 방식이 조금 다를 순 있으나 연기를 확인하는 오디션은 어떠한 형태로든 존재하기에 그럴 경우, 연기 자체에 대한 평가보다 현장 적응력이나 일종의 뻔뻔함 또는 당당함, 주눅 들지 않음 등의 기질이나 기세를 보았다고 생각해 볼 수 있다. 그것도 아니면 작품에 최적화된 이미지와 외형, 우리가 알 수 없는 어떠한 이유가 있었겠지.

　오디션도 실력이며, 오디션은 곧 실전이기도 하다. 영화 〈기생충〉의 대사처럼 '실전은 기세'다. 오디션에서 탁월한 실력과 좋은 태도로 제작진에게 강렬하거나 은근한 인상을 남기며, 자신의 존재감을 드러내고 오디션의 기운을 자신에게로 이끈다면 캐스팅에 더욱 가까워졌다고 볼 수 있지 않겠나. 주저앉아 고민하고 걱정하고 있을 그 시간에 당당할 수 있는 실력을 키워라. 그대의 연기가 확장될 수 있도록. 그러기 위해서는 자기 객관화가 필요하며, 객관적인 자기 성찰이 연기의 향상을 도울 수 있다.

1) 연기 오디션의 변천사

전통적으로 그 옛날 방송 3사KBS, MBC, SBS가 주류 미디어이던 시절, -더 거슬러 올라가면 KBS 2TV의 전신인 동양방송TBC이 있었다- 방송 3사에서 주도하여 드라마를 만들던 시절 공중파 드라마에 출연하고 연기를 하고 배우로 데뷔하려면 방법은 딱 하나였다. 각 방송사의 공채 시험에 응시해 신인 탤런트로 뽑히는 것. 대표적으로 우리가 잘 아는 배우 김혜자(KBS 1기), 손현주(KBS 14기), 이병헌(KBS 14기), 김서형(KBS 16기), 차태현(KBS 17기), 지현우(KBS 20기), 성동일(SBS 1기), 김남주(SBS 4기), 김명민(SBS 6기), 고두심(MBC 5기), 김해숙(MBC 7기), 한석규(MBC 20기), 김남길(MBC 31기), 윤여정(TBC 3기) 등 셀 수 없이 많다.

　　　각 방송사의 공채라는 것은 그 시절, 배우가 될 수 있는 거의 유일한 통로이기에 진입 장벽 및 경쟁률이 높기로 유명했다. 그런데 2000년대 초반 이후 방송 3사는 동일하게 진행하던 공채 개그맨과 공채 아나운서 선발만 남겨둔 채, 사실상 공채 탤런트 선발을 종료하였다. 가장 큰 이유는 거대 엔터테인먼트의 등장으로 이전처럼 배우 캐스팅 권한이 방송사에만 있지 않고, 시장 환경이 크게 달라졌기 때문이다.

이후 대부분의 드라마 오디션이 비공개로 진행되는 점을 감안할 때, 그래도 영화는 예나 지금이나 새로운 얼굴을 공개적으로 찾는 경우가 종종 있다. 시작하는 배우 입장에서는 그나마 반가운 소식이다. 미인 대회 등 각종 선발 대회 출신, 모델 출신, 아이돌 출신, 길거리 캐스팅, 이제는 SNS에서의 캐스팅부터 자신을 직접 어필할 수 있는 다양한 플랫폼이 등장했고 그로 인해 배우 데뷔 경로도 각양각색이다. 거대 기획사의 신인 오디션에는 배우, 가수 할 것 없이 많은 인원이 쏠리는 시대가 되었다. 매체에 인플루언서influencer, 크리에이터creator로 먼저 등장하며 얼마든지 배우도 가수도 MC도 병행할 수 있는 시대가 되었다. 방송 데뷔라는 큰 벽 자체가 허물어지고 경계가 없어졌으며, 이전보다 다양한 방식으로 방법을 모색할 수 있는 시대가 된 것이다.

창구가 많아졌지만, 여전히 지원자 쏠림 현상이 강한 분야이기에 데뷔까지는 힘들고 경쟁률도 높다. 그런데 막상 어렵게 방송가에 들어서도 살아남아 끝까지 가기란 쉽지 않다. 막연한 기다림과 지지부진한 시간, 외부에서 보기에 너무나도 비생산적인 그 시간을 인내하며 생산적으로 살아내야 하는 긴 시간, 시작도 제대로 해보지 못한 채 포기하는 수많은 지망생을 수없이 보아 왔다.

한국교육개발원 교육통계서비스[39]에 따르면 현재 국내 4년제 대학의 연극 · 영화 관련 학과는 118개에 달하며, 전문 대학의 연극·영화 관련 학과는 81개에 달한다. 즉, 국내에 약 200곳의 전문대 및 4년제 대학 과정의 연극·영화 관련 학과가 있는 것으로 나타났다. 학생들은 수년을 또 하나의 오디션인 입시 실기 준비에 공을 들인다. 그렇게 힘들게 전공 학과에 입학해도 그 전공을 직업으로 살리는 사람은 손에 꼽을 정도다. 외부에 나가 정작 제대로 된 오디션 기회 한 번을 얻지 못 하는 경우도 있고, 오디션을 봐도 통과하지 못하거나 촬영 몇 번 해보고 업계에서 사라지는 경우도 수두룩하다. 이 책은 가장 생생한 현장 감각과 지금의 연기 예술이 지향할 바를 다루며, 연기를 지망하는 또 배우가 되고픈 이들에게 미약한 힘이 되기를 바라며 썼다. 현명하게 버릴 것은 버리고 취할 것은 취하여 독자의 시간이 풍성해지기를 진심으로 바란다.

2) 카메라 오디션

영상 연기를 하고자 함에 있어 영상 오디션은 가장 기본 중의 기본이다. 더 정확하게 표현하자면 영상 매체에서 연기할 배우를 선발할 때 그 현장에는 카메라가 필수로 존재한다는 것이다. 카메라가 없는 영상 매체 오디션은 지금까지 본 적이 없다. 카메라가 없는 영화나 드라마 오디션이라면 글쎄, 그다지 신뢰할 수 없다. 카메라 프레임 속 가장 매력적이고 적절한 인물을 찾는 것이기에 카메라 안의 모습과 연기는 매우 중요한 부분이다.

2003년 KBS 공채 20기 연기자 선발은 4차에 걸쳐 진행되었다. 선발 과정은 1차 서류 전형 후, 2차 실기, 3차 실기 및 카메라 테스트, 4차 최종 종합평가로 이루어졌다.[40] 프로필 사진을 제출하며 이미지 테스트를 병행한 1차 서류 심사와 이어진 2~4차 카메라 테스트 및 연기 실기 시험에는 각 전형 단계마다 무작위로 선출된 드라마국 PD들이 심사위원으로 참여하였다. 그 당시 KBS 선발 시스템은 일체의 과정을 인터넷에서 진행하며 심사위원들이 현장에서 즉각적으로 채점 결과를 입력해 올리면, 이후 어떤 형태로든 수정과 변동이 불가능하도록 심사 시스템을 구축했다고 한다.

많은 지원자가 지정 연기, 자유 연기, 사극 연기, 즉흥 연기, 특기 등을 선보이며 치열한 경합을 벌였다. 최종 4차 관문에서는 심도 있는 질의응답 시간도 진행되었다. 물론 이 모든 과정은 현장에서 설치된 여러 대의 카메라에 담기고 큰 화면을 통해 바로바로 모니터할 수 있었다. 심사위원들은 큰 화면에 담긴 지원자의 모습과 실제 지원자의 모습을 번갈아 보며 심사를 진행하였다. 그리고 최종 선발된 공채 신인 연기자들의 연기 영상은 한동안 KBS 홈페이지를 통해 온라인으로 모두에게 공개되었다. 필자는 이 과정을 통해 KBS 공채 20기 연기자로 선발되면서, 처음 연기를 시작하게 되었다. 이후 신인 연기자 연수 기간에도 카메라는 늘 우리와 함께였다.

이처럼 영상 매체를 통해 연기를 선보일 배우와 카메라는 필수 불가결한 관계이다. 이는 영화, 드라마, TV-CF 등 모두에 해당한다. 코로나 이슈가 한창 심할 때는 오디션 자체가 비대면으로 바뀌며 영상 연기 오디션임에도 대면 오디션이 거의 없어지거나, 대면 오디션 이전에 비대면 오디션을 먼저 실시하는 형태가 생겨났었다. 즉, 실제로 만나며 제작진이 그 모습을 카메라에 담는 형식의 오디션 전에, 비대면 형식으로 먼저 진행될 때가 더 많았다. 여기에서 비대면은 오직 처음부터, 배우가 직접 찍어 보낸 연기 영상을 먼저 받는 오디션으로 진행된다는 것을 의미한다. 지원자 즉 배우 스스로 본인의 연기 영상을 보내는 방식이 적극적으로 채택되었다. 물론 코로나 이슈가 잠잠해지면서 다시 본래의 면대면 오디션 형태로 돌아갔으나, 어떠한 방식이든 역시 카메라를 통해 지원자를 검증하는 시간을 갖는다는 것은 동일하다. 그리고 수많은 연기 영상 가운데 살아남은 영상의 주인공만이 실제로 제작진과 계속 대면하며 작품 이야기와 함께 연기할 기회를 얻게 된다.

오디션이라는 짧은 시간에 배우가 자신의 강점과 매력을 긴장하지 않고 잘 보여준다는 것이 사실 쉽지 않다. 오디션에 소요되는 시간이 기본적으로는 그리 길지 않다. 그렇게 1차를 통과해서 추후 오디션을 또 볼 수 있다면 그때는 좀 더 심도 있는 오디션이 기다리고 있을 것이다. 또 분명히 준비를 많이 해서 갔음에도 떨리고 긴장되는 것은 마찬가지다. 이것도 당연한 얘기다. 오디션이나 면접이 비슷한 맥락에서 긴장할 수밖에 없는 만남 아닌가. 개인적 경험에 비추어 봐도 오디션은 언제나 떨리고, 잘하고 싶은 마음이 가득할수록 더 떨리고 피 말리는 과정이다. 오디션을 자주 많이 본다고 무뎌지는 것도 아니고 사실 너무 풀어지는 것보다 약간의 긴장감이 있는 것이 더 좋을 때도 있다.

　'실전을 연습처럼, 연습을 실천처럼'이라는 말이 괜히 나온 말이 아니다. 실제 오디션이나 촬영에서 임하는 마음으로 연기하듯 연습했다면, 오디션이나 현장에 가서는 집에서 연습하듯이 좀 편안하게 접근하는 것도 좋다. 그러나 이렇게 마인드 컨트롤mind control 하고, 소위 말하는 멘탈mental 관리하는 것 역시 많은 경험과 관록에서 비롯하는 경우가 대부분이다. 긴장을 버리려면 마음도 비워져야 한다. 그래야 각자 준비한 연기가 경직 없이 잘 흘러 전달된다. 그래서 배우는 자신만의 긴장을 푸는 방법이 하나씩은 꼭 있어야 한다. 왜냐하면 긴장은 연기를 방해하는 첫 번째 요소니까. 그 방법은 자신에게 가장 적당한 것을 찾아가면 된다.

　하나의 방법을 알려주자면 내 것만 잘하려는 혹은 나에게만 집중하는 태도가 아닌, 의외로 상대에게 집중해 잘 듣는 것만으로도 긴장이 어느 정도 해소된다. 실제로 샌포드 마이즈너가 개발한 '마이즈너 테크닉'은 상대에게 집중해 긴장을 풀고 자연스러운 감정을 촉발하는 훈련으로 잘 알려져 있다. 상대에게 집중하는 과정에서 자연스럽게 연기에 몰입하는 상태가 오는 것이다.

　스스로 자신을 운영할 수 있는 상태를 잘 알고 자신의 연기가 가장 잘 발화할 수 있는 상태를 만들어 가는 것, 배우에게 자기 운영은 이토록 중요하다. 원활한 자기 운용과 자신의 통제력마저 자유자재로 쓸 수 있다면 연기하기 한결 좋아질 것이다. 철학자 드니 디드로Denis Diderot는 그의 저서를 통해 이성과 통제, 즉 절제할 수 있음이 위대한 연기의 핵심이라 말한 바 있다.

오디션을 가보면 현장에서 훅 들어오는 연기 디렉션을 유연하게 흡수하기가, 잘 표현하기가 쉽지 않을 수도 있다. 고정된 연기일수록 아마 제작진이 원하는 변화된 다른 스타일의 연기를 보여주기가 더 어려울 것이다. 배우 본인이 준비한 연기에서 더 나아가 다른 느낌이나 다른 해석의 연기를 요구하면 그 자리에서 바로 연기로 환산하여 보여주는 게 쉬운 일이 아니다. 그러나 냉정히 말하자면, 배우에게 이러한 능력은 절실하다. 그것을 자유자재로 넘나들 수 있는 것 또한 배우의 역량이니까. 그리고 그것이, 가능한 연기의 스펙트럼이기도 하다. 그러나 그렇게 바로바로 연기를 도출해내는 것은 타고난 감각과 함께 부단한 노력이 동반되어야 하는 치열한 작업이다. 다시 말하지만 너무 많이 똑같은 방식으로 연습해서 이미 한쪽으로 치우쳐 굳은 정형화된 연기는 쉽게 바뀌기 어렵다. 그래서 필자는 그런 연습 방식은 지양하라고 권한다. 연기의 자연스러운 물결에 방해되는 요소니까.

오디션에 있어 과정에 최선을 다했다면 결과는 놓아준다는 마음을 한번 시도해보길 권면한다. 정신 건강에 좋다. 캐스팅된다면 당연히 기쁘고 감사할 일이니 정성껏 준비해서 잘하면 된다. 캐스팅되지 않았다면 오디션을 보았던 해당 역할에 어울리지 않았을 뿐, 계속 잘 준비하고 있다면 다시 올 기회를 잡을 수 있을 것이다. 일상을 살아가는 인간으로서의 자존감과 배우의 일을 연장선에 두지 말기를 당부한다. 그대 일상의 삶과 그대가 하는 일은 경중을 따질 수 없이 다 중요하지, 하나만 떼어놓고 볼 일은 아니지 않은가. 연기를 하고자 하는 열망에 사로잡혀 지금 발을 딛고 살아가는 일상을 소홀히 하지 마라. 주연을 꿈꾸며 단역을 소홀히 하지 마라. 작은 배우가 있을 뿐, 작은 역할은 없다는 스타니슬랍스키의 말을 기억하자. 연기를 하는 그 찰나의 순간을 위해 지속적으로 시간을 들여야 한다. 언제라도 긴 장면을 이끌어 가기 위해 짧은 장면부터 잘 소화할 수 있어야 한다.

주어진 일상을 잘 살아내는 힘이야말로
후일을 도모하는 탁월함이다

배우의 길은 녹록지 않다. 세상에 쉬운 것이 무엇이겠는가. 오디션의 합격 여부, 작품이 있고 없고를 떠나 그대의 정신 건강을 지켜라. 오디션이나 면접에 거듭 탈락하며 자신이 없어지는 순간, 또 하나의 자산이 쌓이게 됨을 기억하자.

자신이 없어지는 순간이 자산이다

공채 신인 연기자로 갓 연기를 시작했을 무렵이다. 함께 작품을 하게 된 감독이 대본을 보내주면서 오디션을 제안했던 날을 기억한다. 그는 메일로 마음을 담은 짧은 글귀도 덧붙였다. 아마도 막 선발된 어린 신인 연기자가 혹여 앞으로 일을 하면서 쉽게 상처

받거나 쉽게 들떠서 그 후에 혼자 감당해야 할 일들이 걱정되어 글을 보탠 것으로 생각한다. 그리고 당시에도 지금도 고마운 마음이다. 그대들과 공유하고자 메일 내용을 지면에 담는다.

어쩌면 연기자란 항상 기다리고 많이 기대하고
그리고 또 많이 실망하게 되는 숙명을 갖고 있는 것 같기도 하구나

현장에서 만난 나의 선생님의 진심이 담긴 말 한마디가 내게 울림을 주었듯, 나 또한 귀한 시간 내어 이 글을 읽는 당신에게 진정으로 전한다. 배우의 일이라는 게, 연기 한번 할 기회를 얻는다는 게 차라리 오로지 실력과 노력으로만 되면 참 좋으련만, 어느 정도의 운도 따라야 하고, 인고의 시간도 주어진다. 그 고단하고 어려운 시간을 견딜 줄 아는 인내와 딛고 일어서는 내공, 기회를 잡을 수 있는 실력이 따라야 한다. 여유도 강단도 필요하다. 그러니 너무 많은 기대도 실망도 하지 않기를. 본인을 다스릴 줄 앎이 지혜다. 그대를 지켜라. 오디션도 연기도 그리고 인생도 비움의 미학을 떠올려 보자. 한결 마음이 편해지고 비워진 그곳에 더 좋은 것이 채워지며 여유가 생길 것이다.

작품과의 만남은, 한 인물과의 만남은 어쩌면 운명 아닐까. 결과에 지나치게 연연하거나 결과를 두려워하지 말자. 결과에 목매느라 일상을 놓치거나 자신을 괴롭히지도 마라.

과정에 최선을 다했다면 결과는 놓아주어라

그대 것이라면 자연스럽게 그대에게 올 것이라는 믿음으로

3) 오디션의 유형과 준비

영상 소비가 넘쳐나는 시대다. 화려하고 자극적인 영상들을 주변에서 수없이 보게 된다. 배우가 마주한 오디션에도, 셀 수 없이 많은 지원자의 영상이 존재한다. 물론 이 영상을 압도하는 것은 분명 배우의 연기력과 본연의 개성 있는 이미지일 것이다. 그런데 여기서 중요한 부분이 있다. 아무리 실제로는 연기를 잘하고 이미지가 좋은 배우더라도, 자신의 연기가 자신의 이미지가 카메라를 통과할 때 어떠할지 그 기본적인 부분조차 이해할 수 없다면 가진 강점과 장점을 제대로 보여줄 수 없게 된다. 그렇기 때문에 좋은 영상 연기를 위해서는 더욱더 구체적이고 전반적인 이해가 필요하다.

먼저 오디션을 준비할 때 시선 처리를 반드시 고민하자. 자, 지금 그대가 오디션을 보러 갔다고 치자. 카메라가 정면에 있을 것이다. 이제 연기를 시작한다. 그 전에 꼭 정해야 하는 것이 시선 포인트다. 이를 간과하고 그냥 넘어가는 사람들을 많이 봤다. 그러다 중간에 당황하는 사람들도 봤다. 그래서 허공을 맴돌며 갈 곳을 잃은 시선을 여럿 봤다. 연기를 시작하기 전에 꼭 시선 포인트부터 먼저 정해야 한다. 구체적으로 상대를 두고 마주한 연기와 아무렇게

나 시작한 연기는 출발부터가 다르다. 어디를 보고 연기할 것인가. 왜 거기를 보는 것인가. 상대방이 어디에 위치한 것인지 정해라. 보통은 정면 어딘가 편한 지점에 점을 찍으면 된다. 시선을 딱 정하라는 말이다. 카메라를 등지는 실수만 하지 않는다면, 어디든 상관없다. 그대 얼굴이, 눈빛이, 연기가 잘 보일 수 있는 지점을 콕 찍어라. 이제 거기 가상의 상대가 있다고 생각하고 편안하게 연기하면 된다.

여기서 중요한 팁을 말하겠다. 카메라를 정면으로 응시하는 사람이 있다. 카메라 앵글에 정확히 시선을 꽂은 것이다. 좋다. 자신 있으면 그렇게 해도 된다. 단, 그대의 눈빛은 이제 피할 곳이 없다. 약간의 흔들림도 카메라가 포착한다. 중간중간 집중하지 않는 모습, 대사를 기억하려고 애쓰는 모습, 미세한 어색함도 떨림도 다 카메라에 담긴다. 능숙하지 않다면 중간에 시선을 바꿔 피하기도 어렵다. 이 정도 알고 시작하면 된다. 선택은 당신의 몫이다.

무난하고 평범한 선택을 하려면 대부분 카메라 근처 어딘가에 점을 찍는다. 보편적으로 자연스러운 선택이다. 단, 여기서 제일 중요한 것은 시선이 너무 한쪽으로 쏠리지 않을 만큼이어야 한다. 눈의 흰자위만 훤히 드러내고 연기하기는 솔직히 아쉬우니까. 거듭 강조하지만, 스크린 연기에서 눈과 눈빛 연기는 생명이다. 일단 이 정도만 파악하고 적용이 되면 기본은 된 것이다. 그 후부터는 많은 경험과 해석으로 숙련되면 알아서 응용 및 활용을 할 줄 알게 된다. 가만히 둬도 자연스럽게 가장 좋은 것으로 스스로 찾아간다. 만약 그 정도도 스스로 연구하지 않을 정도라면 연기를 지속할 수 있을지도 함께 고민해봐야 하지 않을까 싶다. 오디션의 대부분은 가상의 대상을 정하고 연기하는 것이다. 거기에 대한 반응이다. 물론 실제 도움을 주는 이가 앞에 있다면 더 수월하게 반응하면 된다.

오디션이 다 비슷하다고 생각하겠지만, 다르다. 앞서 이야기했듯이 영상 연기 안에서도 영화 연기와 드라마 연기는 또 미세하게 다른 지점이 분명히 존재한다. 그렇기에 같은 영상 매체 안에서도 더 중요하게 보는 지점은 각각 다를 수 있다. 경우에 따라 약간의 차이는 발생할 수 있으나, 전반적으로 이 책에서 제공한 정보들을 꼼꼼히 살펴 기억한다면 실전에서 큰 도움을 받을 것이다.

먼저 영화는 일반적으로 인물 조감독과 배우 간에 첫 번째 오디션이 성사된다. 그렇게 오디션 영상이 기록되어 평가되고 감독에게도 전달된다. 계속되는 일련의 과정들을 거친 후 추려진 인원만 실제 감독 미팅이나 오디션을 다시 본다. 보통의 영화 오디션은 배우 한 명씩 오디션장으로 들어가 오디션이 진행된다. 이것은 즉, 이 배우의 연기를 저 배우가 볼 수 없다는 말이다. 짧은 시간에 모두 각각 자신의 연기를 하고 나오는 방식으로 진행된다. 그리고 영화 오디션은 곧 작품의 인물을 찾는 것이다. 작품 속 배역과 가장 일치하는 배우를 뽑는 경우가 많다.

그런데 드라마 오디션에는 약간의 특이점이 있기도, 약간 다르기도 하다. 먼저, 오디션을 보는 방식으로 한 명씩 오디션을 보는 경우도 있지만, 두 명 혹은 여러 명이 함께 오디션장에 들어가기도 한다. 어떤 때는 두 명씩 오디션장에 들어가 상대방의 대사를 쳐주며 오디션이 진행되기도 한다. 대충만 봐도 우리가 지금 같은 배역으로 오디션을 보는구나 짐작할 수 있게끔 말이다. 이런 경험을 처음 하게 되면 예상치 못한 상황에 당황할 수 있다. 그러니 그러한 경우의 수도 있다는 걸 지금이라도 기억하길 바란다. 그러면 덜 당황스럽게 자신의 페이스를 유지할 수 있다. 자, 여기서 중요한 것은 무엇인가. 모든 오디션이나 면접이 그렇지만, 마인드 컨트롤이다. 스스로를 조절할 수 있는 능력까지가 그대의 능력이다. 그게 프로다. 연출가이자 사제 간이기도 한 프랭크 하우저Frank Hauser와 러셀 라이히Russell Reich는 프로페셔널professional은 무엇을 해야 하는지 아는 사람이라고 정의한 바 있다.

면접이나 오디션을 많이 봐본 사람은 알 것이다. 혼자가 아닌, 두세 명씩 그룹 지어 오디션을 보는 경우에 발생하는 일들과 거기서 비롯되는 엄청난 심리적 압박을. 쉽진 않겠지만 평정심을 유지해라. 상황을 주도하진 못해도 이리저리 끌려가서야 되겠는가. 오디션이 마냥 편하면 그게 오디션이겠는가. 약간의 긴장감을 유지하는 것은 좋다. 현장도 편안하되, 약간의 긴장감을 유지하는 건 좋다. 인간관계도 그렇지 않은가. 너무 긴장감이 없으니 선도 넘고 무례해지는 거지, 그 약간의 긴장감과 거리두기만으로도 오히려 더 오래 편안하고 좋은 관계를 유지할 수 있다. 꼭 기억할 것은 또 강조할 것은, 그대의 오디션을 주도하는 이는 그대여야 한다. 후회를 남길 끌려가는 모습이 아닌, 후회가 없을 오디션이 되는 쪽을 선택해라. 그게 무엇이든. 마음껏 역량을 발휘해라.

적합한 태도로 기운을 형성하는 이는 곧 배우 본인이다. 은근하게라도 좋다. 존재감을 각인시키자. 뻔뻔하게 자신 있게 연기해라. 위와 같은 상황일 때 누군가는 먼저 연기를 하고 누군가는 그다음으로 한다. 보고 싶지 않더라도 상대방의 연기를 서로 보게 된다. 물론 상대의 연기나 태도를 보며 배우게 되는 부분이 있다. 작품에서도 수업에서도 다른 이의 연기를 보며, 보는 것만으로 공부가 될 때가 많다. 중요한 건 상대방의 기운에 눌려 본인이 준비한 것과 마음껏 기량을 펼치지 못하는 아쉬움을 남기지 말자는 얘기다.

함께 오디션을 보고 있는 상대방의 역량과 그 분위기에 상관없이 본인의 연기를 펼쳐라. 상대의 대사를 성의 있게 해주되 본인의 연기에 집중해라. 본인이 준비한 건 잘하고 오라는 얘기다. 가장 먼저 본인 스스로 최선을 다했고 그래서 후회가 없다면, 결과와 상관없이 그대는 잘한 거다. 칭찬받을만하다. 아무도 칭찬해주지 않는다면, 스스로 칭찬해줘라. 잘한 부분은 칭찬하고 아쉬운 부분을 객관적으로 인정하고 발전시키면 된다. 현장이나 오디션이나 연기의 본질은 같다.

연기는 감정의 교류, 에너지의 교류, 의견 교류가 이루어지는 창의적 영감이 가득하며 배려가 필요한 작업이다. 오디션이나 촬영 그 자리에서 서로 비교할 필요도 없으며, 눌리거나 흔들리거나 더 우쭐할 이유도 없다. 당황해서 우왕좌왕하거나 갑자기 더 과장하지도 말자. 있던 매력도 반감된다. 더도 말고 덜도 말고, 자연스럽게 하자. 종종 감독은 배우 개인의 일상적 이야기를 듣고 싶어 하기도 한다. 이는 오디션 전 긴장을 풀어주려는 의도로 사용되기도 하지만, 실제 배우의 일상이나 모습이 어떠한지에 대해 파악하거나 배우 자체의 매력을 보고 싶어 하는 경우일 수도 있음을 기억해라.

다음으로, 오디션에서는 대략 지정 연기, 자유 연기, 즉흥 연기, 특기 등이 이루어진다. 이 모든 과정이 카메라에 담긴다. 다른 것은 준비의 여지가 있다. 그러나 오디션이든 입시든 즉흥 연기는 모두에게 공통으로 준비나 예상할 수 없는 영역이기도 하다. 가끔 얻어걸려 잘 나오는 경우도 솔직히 있다. 뭐 그것도 즉흥 연기의 매력 아닌가. 먼저 즉흥 연기는 자신감이다. 이게 맞나 눈치 보면 이미 아닌 거다. 눈치를 본다는 건 집중이 안 됐다는 거다. 그렇다면 자신감은 어디서 발생하는가. 완전히 파악했거나 완전히 몰입했을 때.

즉흥 연기는 찰나의 상상력이 적극 가동되어야 하는 영역이기도 하다. 길게 주어지지 않는 시간 내에서 온전히 자신만의 방식으로 장면을 구축하게 된다. 그래서 즉흥 연기는 그만큼 편차도 크다. 이 즉흥 연기에는 앞서 언급한 즉각적인 반응과 즉흥적인 감각까지도 포함된다. 즉흥이라고 아무거나 해도 된다는 게 아니다. 맥락을 파악하고 상상적 순간에 몰입하여 생생한 무언가를 그려내는 작업이다. 즉흥 연기는, 예기치 않는 행위지만 꽤 괜찮은 무언가를 기대하는 작업이다.

4) 배우의 캐스팅

'캐스팅 역지사지'. 역지사지易地思之의 마음을 지녀라. 오디션이 배우에게 중요한 만큼 감독 입장에서도 중요하다. 작품 전체에 영향을 끼치는 주요 사안 아닌가. 한번 처지를 바꿔서 생각해보자. 그대가 감독이라면 단번에 그대를 캐스팅하겠는가. 그 정도의 실력과 매력이 있는가. 그만큼 인물에 적합한 이미지와 분위기를 지녔는가. 또 그만한 내공이 있는가. 이렇게 생각하면 오디션이라는 검증의 단계가 마땅한 절차이자 즐길만한 과정으로 여겨지고 결과 또한 받아들이게 된다. 입장 바꿔 스스로 질문을 던져보는 것만으로 자신을 더 담금질하여 자기 확장을 이루는 계기를 마련하는 좋은 충격 요법이 되기도 한다.

　　그러니 아무리 따뜻하게 품어주는 현장이더라도, 좋은 말만 해주는 오디션이더라도 결코 만만하게 보지 마라. 각 분야의 전문가들이 협업하여 오직 하나의 완벽한 장면을 공통의 목표로 삼아 치열하게 부대끼고 유연하게 희생해주는 그 가치를 떠올린다면, 현장은 연기 연습하는 곳이 아님을 금방 인지할 수 있다. 왜 연습을 출연료까지 받아 가며 하려 하는가. 왜 많은 시청자와 관객이 배우의 연기 연습 현장을 작품으로 목격해야 하는가. 이는 책임감의 부재이다. 기꺼이 준비된 배우로 기쁘게 관객을 맞이할 수 있기를 기대한다.

　　필자 역시 셀 수 없이 많은 오디션을 봐왔다. 그중 어떤 것은 캐스팅되어 기쁘게 연기할 수 있었고 어떤 것은 내게 기회가 닿지 않았다. 특히 마지막에 2인 혹은 3인을 두고 경합하는 최종 오디션에서 떨어지면 그 아쉬움은 배로 크다. 오디션에 임하는 우선적인 목표는 어느 순간부터 딱 하나였다. 끝나고 오디션장을 나서며 '내 연기가 스스로 부끄럽지 않도록.' '내 연기에 후회가 남지 않도록.' 다시 연기해도, 이것보다 더 좋을 수 없을 만큼 최선을 냈고 속시원히 연기했다면 그때만큼 후련할 수도 없었다. 결과와 상관없이 내 마음이 상쾌했다. 그런데 그 정도 마음이 들 땐 역시 캐스팅이 되거나, 그게 아니더라도 나라는 배우를 제작진이 좋게 기억하여 다음 작품 오디션이나 출연 미팅으로 연락이 오는 등 후일의 기회가 생기기 시작했다.

인생은 관점이다. 어떻게 생각하고 어떤 태도를 유지하고 어떻게 살아가느냐에 따라 위기도 기회가 된다. 상대를 수용하지 못하는 편협함과 결과를 받아들이지 못하는 옹졸함이 자신을 더욱 괴롭게 한다면, 그것이 대체 자신에게 무슨 이득인가. 고난과 실패에 머무르는 것이 아닌, 도전의 용기로 삼고 성장의 발판으로 삼아 자기확장을 이루는 게 더 낫지 않겠는가. 오디션에 떨어지면 상대의 선택을 존중하고 나는 또 씩씩하게 내 갈 길 가면 된다. 오디션에 합격하면 상대의 뛰어난 안목과 연기할 기회에 감사하고 나를 응원하며 맡은 바 임무를 다하면 된다.

배우가 작품에 캐스팅이 확정될 때까지는 아주 많은 부분이 고려된다. 작품 속 인물에 부합하는 이미지와 분위기도 갖춰야 하며, 연기력은 물론이거니와 상대 배우와의 조화, 작품 전체의 균형,

출연료 부분과 스케줄 등 여러 가지를 두고 조율되는 과정을 거치게 된다. 이 외에 많은 변수가 존재하기도 한다. 적절한 시기와 적당한 운도 따라야 한다. 그렇기에 캐스팅 확정은 어쩌면 필연이다. 그 작품과 만날 수밖에 없었던 운명 같은 것 아니겠는가.

배우의 연기에 있어 최초의 관객은 배우 본인이다. 본인의 연기를 가장 먼저 보는 이는 배우 본인이다. 감독과 관객은 나중이다. 최초의 관객인 스스로가 만족할 수 없는 연기를 어찌 수많은 관객과 또 예리한 감독과 작가가 만족하길 바라는가. 물론 너무 냉정한 얘기라는 걸 안다. 이걸 다 충족시키려면 어쩌면 연기를 해 보이지 못할 수 있다는 것도. 혹여 마음을 더 어렵게 하려는 게 결코 아니다. 본인 스스로 더 냉철해지고 자기 객관화와 회복 탄력성을 지니길 바라며 건네는, 마음 담긴 글이라 생각해주면 고맙겠다.

솔직히 다른 이의 따가운 평가가 반가운 이가 몇이나 되겠는가. 오디션과 캐스팅의 과정에서 칭찬을 듣는 것도 아니고 만약 부정적인 피드백을 받는다면 그 누군들 왜 속이 상하지 않겠는가. 그래서 하는 말이다. 그 전에 스스로 자신을 잘 알고 현재의 상태를 인지하고 있으며, 고난과 실패도 발판으로 삼아 다시 도약할만한 회복 탄력성이 있다면 그 무엇에도 큰 타격을 받지 않을 수 있다. 다른 이의 평가에 외부의 시선에 너무 귀 기울여 속상할 필요도 없다. 차라리 자체 평가를 통해 자기 내면과 상태를 정확히 들여다보는 게 더 성장 가능성이 있을 수도.

전문가는 평가하라고 있는 것이니 전문 분야에서 평가할 수 있다. 그 정도로 받아들이면 된다. 필자도 작품과 오디션을 통해 늘 평가받는다. 반대로 학교나 외부에서 학생이나 누군가를 평가하고 심사하기도 한다. 그게 일이니까 하기는 하지만, 마음이 편치 않을 때가 더 많은 것도 사실이다. 그래서 가르치고 있는 학생들에게도 늘 말한다. '너희들이 원하니까 연기에 관한 피드백도 하고, 점수를 내고 성적도 매겨야 하니 평가를 하지만 이게 다가 아니다.' 교수 개인의 의견은 주로 해당 수업과 관련 전공에 한해서이니 이를 통해 자신감을 얻으면 좋고, 혹여 기가 죽을 필요는 없다고 전달한다. 한마디로 시험 한 번에, 면접 한 번에, 오디션 한 번에, 캐스팅 한 번에 일희일비一喜一悲하지 말자. 지혜롭게 취할 것은 취하고 버릴 것은 버리라.

적절한 때에 나라는 배우를 알아봐 준다면 그보다 고마울 수 없고, 그렇지 않을지라도 꾸준히 노력하고 정성을 쏟다 보면 어느 지점에는 도달하지 않겠는가. 마찬가지로 잘 준비되어 최초의 관객인 자신을 만족시킬 수 있다면 이 얼마나 기쁜 일인가. 외부의 평가에 휘둘릴 필요 없이 본인 스스로 깨어있어 계속 정진하자는 것이 핵심이다. 언젠가는 연기로 최초의 관객인 본인과 감독과 대중 모두를 만족시킬 만한 희열의 때를 맞이하기를 기대하며.

연기를 하다 보면 연기가 내 마음처럼 되지 않아서, 무언가에서 비롯된 압박 때문에, 연기에 대한 괴로운 심정으로 땅끝까지 가라앉는 순간도 온다. 그러나 설사 그렇다고 해도 누군가가 그대의 연기를 대신해 줄 수는 없다. 공부도 누가 대신해 줄 수 없지 않은

가. 우리네 삶을 그 누구도 대신해 줄 수 없고 각 직업의 전문성을 지닌 일들을 누구도 대신할 수 없는 것처럼 연기도 그렇다. 오직 그 불안과 한계를 뛰어넘어 자신을 증명해 보일 수 있는 것은 우리 각자, 본인이다. 오디션이든 현장이든 연기하는 그 순간만큼은 당당하게 자신 있게 연기해라. 때로 철저히 계산되고 재단된 연기로 관객을 매료시켜라. 때로 본 적 없는 낯선 얼굴과 날것의 생생함으로 관객의 감탄을 끌어내라. 단연코 배우는 인간의 마음을 훔치는 불멸의 직업임이 분명하다.

연기에 답은 없지만, 그대에게 주어진 그 장면은
그대가 답이다

나도 믿지 않는 내 연기를 누가 믿어주겠는가
스스로 진짜라 여기지 않는데 누가 진짜로 보겠는가
하지만 진짜로 몰입하는 그 순간, 진짜가 된다
진짜는 귀하다

연기하며 불안하고 흔들리는 수많은 순간이 있다. 지금 카메라 앞에서 막상 연기하고 있으면서도 과연 '이게 맞는 건지' '이게 정말 최선인지' 괴로운 순간이 무조건 온다. 어쩌면 그 고민은 현장에 오기 전이나 카메라 앞에 서기 전에 이미 끝냈어야 할 고민 같지만 무심하게도 연기하는 그 순간, 카메라가 꺼진 그 찰나를 비집고 흔들리는 순간을 마주하게 된다. 그러나 기억해라. 어떠한 경우에도 내가 연기하는 이 순간은, 지금 이 장면은 '인물로 몰입한' 그대가 답이다. 그 정도 확신 없이, 그 정도 준비도 없이 카메라 앞에 서서 언제까지 유야무야有耶無耶 하겠는가. 창작은 창작자의 영혼을 갈아 넣는 작업이다. 내가 맡은 인물에 나보다 더 영혼을 갈아 넣을 수 있는 자는 애초에 그 인물을 작품에 등장시킨 작가 외에는 없을 것이다. 하물며 작가도 그 인물을 만들어내긴 했지만 그것의 실체를 마주한 적은 없다. 그 인물의 생생한 실체를 모두에게 구체적으로 드러낼 자는 바로 그대, 당신이다.

진심이 투영된 진정성 가득한 연기로 기백 있게 서라. 완벽한 연기로 카메라 앞에 서면 좋겠지만 연기 아닌 그 무엇이라도 세상에 선보일 완벽한 시간이란 없다. 완벽한 순간을 기다렸다면 아마이 책도 세상에 나오지 못했을 가능성이 농후하다. 인물에 창조적 숨결을 불어 넣는 고통과 감사의 시간을 지나 장면을 훔치는 매혹적인 배우로, 작품을 이끄는 비범한 배우로, 마침내 성장할 우리를 마음 다해 응원한다. 현장에서 만나자.

부록

지금 막 연기를 시작하는 이들을 위한 비하인드 씬

s#1. 연극·영화과에서는 뭘 배워?

오래전 일이다. 근황을 나누다 내가 연극영화과에서 학생들을 가르친다는 이야기를 들은 상대방이 곰곰이 생각에 잠기더니 되묻는다. "근데, 연극영화과에서는 뭘 배워?" "연극, 영화에 대해서는 뭘 배우는 거지?" 진짜 몰라서 묻는 것 같아 내가 아는 선에서 친절히 알려줬던 기억이 있다. 필자도 학부 1학년 때 대충 배워서 나이가 들어 다시 공부했지만, 왜 우리가 세계 영화사를 배우며 왜 이런저런 과목들이 필요한지, 뭘 가르치는지 이야기를 나눴던 적이 있다. 그러면서 속으로 좀 놀라기도 했다. 연극·영화가 학문에 편입된 지 오래됐는데도 불구하고 어쩌면 아직도 많은 사람이 연극·영화를 학문으로 생각하지 않거나 과연 연기에 체계적 배움이 필요한가에 대한 의문이 있을 수도 있다는 생각이 스쳤다. 나 역시도 그런 생각을 했던 때가 있으니까.

꼭 연극·영화 관련 학과를 나오지 않아도 얼마든지 연기할 수 있고, 배우가 될 수 있다. 배우지 않아도 타고난 재능과 감각이 있어 연기를 잘하는 배우도 많다. 영화를 좋아해 영화과에 입학했지만 빨리 현장에 나가 배우고 싶은 마음에 학교를 잠시 관둔 적이 있던 필자는 실제로 연기를 현장에서 몸소 부딪히며 거의 다 배우고 체득했다고 해도 과언이 아니다. 나머지는 수많은 서적과 콘텐츠를 통해 고찰하고 독학한 부분도 있다. 어떤 때는 좋은 선배의 한마디가 울림을 주기도 했다. 일찍부터 현장에서 일하며 그야말로 풍성한 경험을 쌓고 쓰임새 있는 실무를 익혔지만, 어느 순간 관심 분야에 관한 이론적 토대까지 알고 싶은 마음에 체계적 공부를 다시 시작한 것은 자발적 의지와 필요 때문이었다.

연기에 답이 없듯, 연기에 관한 배움도 답은 없다. 각자의 방식에 따라 공부하고 터득하여 자신이 성장하고 발전이 있다면 그게 가장 좋은 공부법 아닐까. 학교에서의 배움은 어쩌면 먼저 그 길을 가고 그 학문을 먼저 공부한 선배가 자신의 지식과 경험을 나눠주며 길잡이가 되어주고, 때로 조언도 하며, 그의 가능성과 잠재력을 알아봐 주고, 계발할 수 있게 돕는 일련의 과정일 것이다. 자신에게 가장 잘 맞는 배움으로 확장되어 자신만의 연기 방법론을 찾아가는 과정은, 치열하지만 희열 넘치는 순간임을 기억하자. 영화 〈거미 여인의 키스Kiss of the Spider Woman, 1985〉의 배우 윌리엄 허트William Hurt는 미국 아카데미 남우주연상을 수상하며 자신의 직업을 '정신적 탐구'라 칭하였다.[41] 연기는 끊임없는 탐구의 영역이다.

s#2. 연기를 따로 배운다고?

학생과 대화를 나누던 중, 갑자기 주변을 살피던 학생이 쭈뼛쭈뼛하더니 조심스럽게 말을 건넨다. "교수님, 제가 실은 따로 연기 레슨을 받고 있는데요. (생략)" 이유인즉슨 학교 수업만으로 현장과 이어질 수 있을까 고민되어 외부 연기 학원도 다니고 있다는 것이다. 일명 성인 방송 연기 학원. 학교에서 분명 무언가를 배우지만, 결국 외부와 연결되고 오디션도 보려면 그런 학원에 등록을 해야 일말의 기회라도 얻지 않을까 하여 시작했고, 실제로 다른 학교 연극영화과에 다니는 친구들 중 이런 필요 때문에 따로 연기 수업이나 학원에 등록한 친구들이 많다는 것이다. 나도 대학 강단에 서기 전, 외부에서 개인 레슨과 강의를 많이 해봐서 무슨 말인지는 알겠다만, 동시에 답답함도 느꼈다. 그런 기대가 모두 충족되지 않을 거라는 것도 잘 알기에.

연극영화과에 입학하려고 입시 학원에서 오래 연기를 배워온 학생들의 공통점 중 하나가 바로 정형화된 연기일 때가 많다는 것이다. 한결같은 톤의 연기와 말투, 똑같은 대사 분석까지 닳고 닳은 연기에 안타까울 따름이다. 더군다나 이제 막 스무 살이 된 친구들에게 도대체 왜 노인이나 술집 작부 역할을 준비해서 보내는 것인지 나로서는 도통 알 수가 없다. 그 나이대에 가장 잘할 수 있는 역할은 분명 따로 있을 텐데 말이다. 사람이 다르면 연기도 달라야 하건만, 인물 접근부터 해석과 표현까지 판에 박힌 모양이 그저 속상하다. 오래 학원에 다니며 그렇게 틀에 박혀 온 학생을 4년 내내 그걸 또 깨부수는 훈련을 시켜야 한다. 물론 오해하지 마라. 당연히 모두가 그런 건 아니다. 어딜 가도 난 놈은 있으니 잘하는 사람은 그냥 대강 봐도 보인다.

그런데 입학 전에는 입시 학원에 돈을 쏟아붓더니, 입학 후에는 방송 전문 연기 학원에 돈을 들이붓는다. 게다가 오디션에 발목 잡혀 몇 년을 허송세월 보내기도 한다. 기획사라고 크게 다르지도 않다. 우리가 다 알만한 대형 기획사는 계약 조건이야 어떻든 그래도 데뷔할 가능성이야 있겠지. 그런데 그것보다 열악한 기획사에서는 몇 년을 전속 계약으로 묶여 있어도 결국 한두 번 방송에 나오다 사라지는 수많은 유형을 보아 왔다. 물론 도움이 되는 좋은 기회를 만나서 배우의 꿈을 이루기도 한다. 결국 여기서 말하고자 하는 건, 자기 경쟁력을 키워야 하는 것이지 어딘가에 의지만 할 문제는 아니라는 것이다.

내게 조언을 구했던 그 학생도, 상세히 다 밝힐 수는 없지만 연기 학원을 계속 다니는 것이 맞는지 고민을 토로하던 차였다. 결정은 당신 몫이다. 그런데 만약 누군가가 당신의 꿈을 가지고 장난을 친다면 과감히 끊어라. 자신만이 답인 것처럼 구는 선생도 피할 필요가 있다. 수강생이 빨리 잘돼서 학원을 그만두면 학원은 한 명의 수강생을 잃게 된다. 대신 역으로 생각하면 홍보할 구실을 얻는다. 뭐든 장단長短은 있고 명암明暗은 있다는 것. '정말 나에게 도움이 되는 선생님인가?' '정말 괜찮은 학원인가?' '정말 믿고 협력할 수 있는 회사인가?' 결국 내 선택이 중요한 것 아니겠나. 현란한 말에 현혹되지 말고, 분별력 있게 판단하기를 진심으로 바란다.

　　혹시라도 누군가의 꿈을 미끼로, 누군가의 꿈을 담보로 희망 고문하는 것에 당하지 말고 똑똑하게 비켜 가라. 언제까지 연기만 배운다고 연기가 느는 것은 아니다. 배운 것을 직접 써보고 체득하며 자신에게 가장 맞는 연기 접근법과 훈련법 등을 거쳐 자신의 연기를 찾아가야 하는 것이다. 연기는 그 누구도 대신할 수 없음을 기억하라. 이 책은 당신이 그대만의 고유한 연기를 찾아가는 그 길에서 외롭지 않도록, 그 과정에 도움을 주고자 써 내려가는 글이다. 그래서 학교나 방구석에 고인 연기 말고 현장으로 나가는 살아있는 연기를 하길 바라며.

s#3. 캐스팅을 미끼로 돈을 달라고?

그건 그냥 사기라고 생각하면 된다. 제발 좀 당하지 말라고 강력한 어조로 말한다. 쉬운 예시로, 어떤 좋은 상품이 있다고 치자. 그 상품을 갖고 싶으면 그에 합당한 돈을 지불하는 것이 맞다. 그런데 그 상품에 대고 '나한테 돈 내면, 내가 너 살게'라고 한다고 치자. 이게 무슨 말도 안 되는 말인가. 무슨 뜻인지 이해가 가는가. 빠른 이해를 돕고자 극단적으로 상품의 예를 들어 혹시라도 기분이 나빴다면 전혀 그런 의미가 아니니 기분 풀어줬으면 좋겠다.

당신이라는 좋은 배우를 캐스팅하고 싶다면 상대방에서 안달이 나는 게 정상이다. 남녀 간에도 더 매력 있는 사람이 우위를 점하거나, 더 사랑하는 쪽이 맞춰주게 되는 걸 자주 봐왔지 않은가. 요즘 유행하는 리얼리티 연애 프로그램만 봐도 그런 장면이 흔하다. 당신이라는 좋은 배우와 일을 하고 싶다면 당연히 상대방이 주는 출연료를 정당하게 받으면서 일하는 게 누가 봐도 맞는 말이지, 당신이 돈을 주면서 일한다? 어딘가 좀 이상하지 않은가. 나의 재능과 나의 이미지를 사달라고 애걸복걸하면서 과연 당당하게 일할 수 있겠는가. 그게 어디가 매력적으로 느껴지겠는가. 사람마다 제각각 인생의 무게가 있고 삶의 문제가 있기에 이렇게 단순하게만 설명할 수 없는 문제일 수도 있다. 그러나 배우가 되려는 그대여! 제발 간절하되, 비굴하지는 말기를.

돈을 주고서라도 캐스팅되려고 생각하지 말고, 그 돈으로 자기 성장을 이뤄라. 차라리 그 돈으로 뭘 배우고 익혀서 내 연기의 확장을 꾀해라. 더 냉정하게 말하자면 자기 객관화를 꼭 지니길 바란다. 누구나 탐나는 상품은 가격이 배로 뛴다. 아무도 탐내지 않으니 그냥이라도 가져가라든가 덤으로 줄 테니 가져가라는 경우까지 생기는 것이다. 나 자신이 탐이 나는 배우가 된다면 누군가 언젠가는 알아봐 줄 것이라는 믿음과 소신을 지켜라. 그러니 제발 그게 무엇이든 허튼 생각하지 말고, 탐이 날 정도로 좋은 배우가 될 수 있도록 자기 성장에 만반을 기울이며 자기 확장에 집중하기를 바란다.

니체는 그의 저서를 통해 쉽사리 가질 수 없는 것일수록 간절히 원하게 되는 인간의 심리를 통찰한 바 있다. 무언가에 질리고 감흥이 없다는 것은 결국 그것의 성장이 멈췄기 때문이다. 진정한 고수가 되려면 요행은 없다. 끊임없는 단련과 자기 수양과 자아 성찰이 있을 뿐이다. 그렇게 되기까지는 시간이 좀 걸리는 게 당연하지 않은가. 그러니 조급한 마음에 부디 자신에게 상처가 되는 결정을 하지 않기를 바란다. 당신이 하고자 하는 일에서 프로가 되려면 먼저 성급함과 조급함부터 극복해야 한다.

얼마 전 수업 시간에 화두가 되었던 기사가 있다. 주연으로 출연하는 배우와 단역으로 출연하는 배우의 어마어마한 출연료 차이였다. 더 충격적인 것은, 주연을 맡은 배우의 출연료는 끝없이 치솟는데 짧게 등장하는 배우의 출연료는 오랫동안 변함없이 열악한 것이었다. 모두가 그런 건 아니지만 학생들은 앞으로 자신의 진로를 심각하게 고민할 수밖에 없었다. 물론 단박에 스타가 될 수도, 운 좋게 바로 비중이 큰 역할로 활약할 수도 있다. 그러나 어쨌든 대다수는 그렇지 못한 게 현실이니까. 그래서 좀 과격하게 얘기하겠다. 왜 스타나 주연으로 출연하는 배우의 출연료는 걷잡을 수 없이 상승하는데 단역으로 등장하는 배우의 출연료는 언제나 그대로인지 아는가. 아직도, 출연료를 주지 않아도 연기만 할 수 있다면 그냥 출연하겠다는 사람이 있으니 굳이 출연료를 올릴 필요가 없는 것도 여러 이유 중 하나일 수 있다.

각자 삶의 모양과 가치관이 다르니 누군가의 선택을 뭐라 할 수는 없겠지만 일정 부분 안타까움은 있다. 정당하게 일을 하고 정당하게 페이를 받는 건 당연한데 말이다. 물론 이건 배우만을 탓할 일이 아니고, 탓하려는 것도 아니다. 스스로 자신을 지키라는 의미로 먼저 얘기한 것일 뿐, 우선적으로는 업계의 관행 및 인식과 구조의 변화가 시급하다. 얼마 전 한 뉴스에서 '위기의 K-드라마'라는 주제로 천정부지로 치솟은 제작비 때문에 제작사들이 새 작품을 내놓기 어렵다는 보도를 전한 바 있다. 그중 가장 큰 요인은 역시 톱스타의 출연료이므로 적절한 가이드라인을 정해야 한다는 대책을 내세우면서 말이다. 인기와 시장의 논리를 무시할 수는 없지만, 모두가 상생하는 가장 좋은 길을 찾는 것이 결국 다양하고 풍성한 멋진 작품을 만날 수 있는 길임은 확실해 보인다.

한창 메인 모델로 광고를 많이 찍을 때의 일이다. 작품 수는 늘어나고 경력은 쌓이는데 에이전시에서 제안하는 금액이 몇 년째

동결이라 잘 이해가 가지 않았다. 정해진 금액을 운운하며 단호한 입장을 취하기에 아무래도 못할 것 같아서 정중하게 거절 의사를 밝혔다. 근데 상대방에서 돌아오는 대답이 뭐였는지 아는가? 남들은 그 (정도의 열악한) 페이에 다 가능하다는데 왜 당신만 못하겠다고 하냐며 오히려 내게 뭐라고 하는 것이다. 이런 흐름의 대화라면, 더 이상 긴 말을 하고 싶지도 않았다. 그러면 에이전시에서 그 조건에 맞는 모델과 일하면 된다. 굳이 이렇게 서로 비교할 일도 아니다. 어쨌든 나는 좀 어렵겠다는 말을 전하고 통화를 끝냈다.

상대가 무례하다고 나까지 무례해질 필요는 없다. 필요시 할 말은 정확히 하되 예의를 갖추는 세련됨을 익히자. 필자도 연기가 간절하지만, 아무리 연기가 하고 싶어도 내 의사가 전혀 존중되지 않고 대화의 타협점이 없는 상태에서 내 연기와 이미지를 그렇게 떠넘기듯 막 소진하고 싶지는 않았다. 그런데 다음날 에이전시에서 다시 연락이 왔다. 그러면 어느 정도로 조율하면 좋겠느냐고. 모델료 조율을 해보자며 그제야 내 의사를 묻는다. 처음부터 이런 화법을 썼다면 우리 대화가 한결 좋았을 텐데 말이다.

사실 요즘이야 현장이 워낙 좋아졌고, 감사하게도 내가 만난 대부분의 사람과 현장도 좋았다. 그런데 종종 신인이나 지망생들의 이야기를 듣고 있자면 여러모로 아쉽고 불편한 일들도 있어서 마음이 쓰였다. 그 정도 인격밖에 안 되는 그들은 일단 제쳐두고, 바람직하지 않은 대우를 받아도 가만히 있으니까 그들이 변하지 않는 거다. 우리네 삶 그 어디에도 그 누구도 그런 대우를 받아도 되는 사람이란 없다. 그리고 자신을 스스로 지킬 줄도 알아야 한다. 이 모든 것은 자아 존중감에서 비롯한다는 것을 기억해라. 내가 나를 소중히 여기지 않는데 남이 나를 소중히 여길 리 만무하다. 자신을 소중히 여기지 않는 사람이 남을 얼마나 소중히 여길 수 있을지도 잘 모르겠다. 캐스팅을 빌미로 돈을 달라는 건 누군가를 향한 무시 아닌가. 아직도 캐스팅을 미끼로 돈을 달라는 무례함에, 원한다면 시원한 일갈을 날려도 된다.

s#4. 역할은 내가 아닌데? 혼동하지 마!

역할과 나를 동일시하지 마라. 역할은 역할이고 나는 나다. 이러면 지금 당장 누군가는 반격을 할 것이다. 지금까지 쭉 인물에 몰입하라고 그렇게 이야기해놓고는 갑자기 역할과 거리를 두라니 무슨 말이냐고. 이건 좀 다른 의미의 이야기니 잘 새겨주길 바란다.

어느 드라마에 보조 출연으로 촬영을 나갔던 제자가 현장을 다녀와서는 내게 고충을 토로하며 자신이 짐짝 취급을 받는 것 같아서 너무 충격받았다는 말을 한 적이 있다. 짐짝이라는 필터 없는 표현에 필자도 순간 흠칫했다. 물론 그 현장만 예외로 그랬을 수 있고 모두가 비슷한 경우를 당하는 건 아니니 지레 겁먹지 말길 바란다. 그러나 졸업을 앞둔 그 제자는 현장에서 자신이 맡은 역할이 미미하므로 자신까지 스스로 작아지는 것을 경험하며 앞으로의 진로와 관련해 너무 우울하다고 했다. 제자의 말을 충분히 이해할 수 있었다.

"역할과 너를 동일시하지 마. 배역은 배역이고, 너는 너야. 역할과 너를 분리해. 역할에 영향을 받아 네가 작아질 이유가 없어. 너는 그 장면에서 그냥 네가 해야 할 역할을 잘 수행하면 되는 거야. 그런데도 그것과 상관없이 너를 너무 무례하게 대하는 사람이 있다면 그 사람에게 알려줘. 너 지금 나한테 좀 무례하다고. 그래서 나 좀 불쾌하다고. 그러니 예의를 갖춰달라고." 그리고 꼭 하고 싶은 한마디를 덧붙였다. "○○아, 그 무엇보다 너의 정신 건강을 지켜."

마음이 곧 실력이다.

사실 말이야 쉽지, 제자는 깊은 생각에 잠긴 듯했다. 주연 위주로 돌아가는 현장에서[42] 지망생이 보조 출연으로 현장에 나가서 저런 단단함을 갖기도 어렵고, 또 말을 떼기가 쉽지 않다는 것도 잘 안다. 그러나 앞으로 일을 해나갈 수많은 후배이자 동료들에게 이 말을 해주고 싶다. 배우로서 지금의 위치나 역할의 비중으로 자신을 규정하거나 스스로 쪼그라들지 마라. 그렇게 스스로 당신을 괴롭히지 마라. 그러면 하고 싶은 연기가 즐겁지 않고, 현장이 지옥이 될 수도 있다. 정말로 연기가 하고 싶고 꿈을 위해 최선을 다하고 있다면, 진심을 가지고 당당하게 즐겨라. 그렇게 즐기다 보면 어느새 꿈에 도달할 것이다. 혹여 비록 꿈에 도달하지 못하더라도 최소한 자신이 그 여정에서 즐거웠으니 괜찮지 않겠는가. 다행히 이해했다는 듯 제자는 웃으며 돌아섰다.

대개 보조 출연은 말할 것도 없고 단역으로 한번 현장에 가게 되도 사실 누군가의 챙김을 받기는 어렵다. 챙김을 받으면 감사하겠지만 그렇다고 또 굳이 챙김을 받아야 할 이유가 있는 것도 아니지 않나. 보통의 상업 작품 촬영 현장에 대개 백 명이 넘는 인원이 있는데 어찌 서로 다 살갑게 챙길 수 있겠는가. 현장은 살아남아야 하는 전쟁터다. 서로 힘을 모아 함께 살아 나가는 동료애와 전우애가 있지만, 제자의 말처럼 때로는 인기가 없고 역할의 비중이 작다는 이유로 괜히 주눅이 들거나 아무 잘못을 하지 않는데도, 현장에서 제일 힘이 없다는 이유로 누군가의 타깃이 되어 욕을 먹을 수도 있다. 그런데 나의 정신 건강을 해치면서까지 해야 할 일이 대체 무엇이란 말인가. 휘둘리지 말고 자신을 다독여줘라.

　　조연으로 한창 어느 드라마를 찍을 때였다. 드라마 중반쯤 촬영 도중 잠깐 쉬는 사이에 감독과 대화를 나누다 감독이 내게 말했다. "언정 씨는 대단한 것 같아요." "왜요?" "대개 드라마는 배우들이 대부분 많은 스태프를 동행하고 다니니 이렇게 혼자 다니면 현장에서 좀 외롭고 위축되고 그런다던데, 언정 씨는 괜찮은 것 같아서." 아마 혼자서도 씩씩해 보였나 보다. 필자는 지금까지 기획사나 매니저가 없이 오로지 오디션만으로 혼자 일을 해왔다. 그래서 영화 현장이든 드라마 현장이든 직접 운전해서 혼자 다닌다. 그러니 사실 딱히 말할 상대도 없고 나를 도와줄 사람도 없으니 신경 쓸 것도 많다.

　　그런데 혼자서 처음 가는 현장이 나라고 편할 리 없다. 더군다나 감독의 말처럼 혼자 연기도 하고 운전도 하고 매니저 역할도 하고 다 하지 않는가. 그런데 그렇다고 일을 안 할 수 없으니 혼자라도 일은 해야 하기에 그저 내가 할 수 있는 최선을 내느라 혼자라는 것을 의식할 겨를이 없는 것이 나를 자연스럽게 현장에 적응하게 했으리라 본다. 경험상 대체로 영화 현장은 비교적 소외감이 덜하다. 그러나 상대적으로 드라마는 너무 많은 등장인물이 있고 회차가 많다 보니 중간 투입이나 잠깐 등장하는 역할도 많다. 그래서 현장에 갑자기 나가면 이미 다 너무 친해진 사람들 사이에 약간 어색한 기분을 느낄 수도 있다. 근데 자주 본 사람끼리 좀 더 친근한 건 당연한 얘기 아닌가. 그게 이상한 건 아니다. 그러니 괜히 그런 분위기나 기운에 눌릴 필요가 없다.

현장에 좀 어색하고 불편한 지점이 있다고 한들, 거기에 매여 내 감정이나 상태를 망치면 나만 손해고 내 연기만 꼬이게 된다. 눈치 볼 필요가 없다는 말이다. 눈치 볼 시간에 내 할 몫을 야무지게 잘 해낼 생각을 하고 컨디션 조절을 해라. 책임감과 설렘을 겸비해라. 좀 더 어릴 때는 그렇게 어렵던 현장이 어느 순간부터 즐거워지기 시작했다. 생소하면 생소한 대로 어색하면 어색한 대로 그냥 있는 그대로 인정하고 즐기면 된다. 혼자서도 촬영장의 무료한 대기 시간을 풍성하게 누릴 수 있으며, 낯선 현장을 알아가고 새로운 사람을 만나는 감사함이 있다. 혹여 당신의 마음을 요동치게 하고 정신을 지치게 하는 무언가가 있다면, 귀담아들을 것은 귀담아듣고 흘려버릴 것은 흘려버려라. 고요한 내면을 유지하는 자신만의 지혜로움을 터득하기를.

s#5. 추천의 무게에 따른 책임감

작품을 함께 한 제작팀에서 극 중 20대 배역 오디션에 필자의 제자 중 괜찮은 학생이 있으면 추천해 달라고 요청해왔다. 이 얼마나 감사한 일인가. 흔한 기회가 아니기에 기왕이면 내 제자가 오디션을 보고 캐스팅되면 좋겠다는 개인적 기대도 있었다. 물론 한 번에 캐스팅이 되기까지는 쉽지 않음을 알기에, 결과와 상관없이 제대로 된 작품에 오디션 경험을 쌓는 것도 좋은 공부라 여겨졌다. 그런데 '추천'은 누군가를 어느 자리에 책임지고 소개하는 것이기에 어느 정도 무게감이 있다. 아무나 소개할 수는 없다.

그동안 눈여겨본 몇몇 제자 외에도 전체 공지를 통해 프로필을 받았다. 그 당시, 아직 준비된 프로필이 없다는 응답도 있어 개인적으로 아쉬웠던 기억이 있다. 심지어 평소 연기 감각이 있다 싶어 인상 깊게 본 학생조차 제대로 된 프로필이 없다는 게 아닌가. 물론 준비도 되지 않은 상태에서 비싼 돈 들여 불필요하게 프로필 사진만 찍는 것은 썩 추천하지 않으나, 누군가가 당신의 프로필을 보고 싶어 할 때 바로 보여줄 정도의 파일은 준비해서 가지고 있는 것이 좋지 않겠는가.

간신히 몇 장의 프로필을 추려 제작진에게 전달했고 그중 또 몇몇 학생이 오디션을 볼 수 있었다. 결과적으로는 그 역할에는 모두 불발됐다. 그러나 지망생이자 학생의 입장에서는 큰 경험을 하며 객관적 시각으로 자신을 보는 계기를 통해 배움을 얻었다는 것에 우리 모두 동의했다. 난생처음 실제 상업 영화 오디션을 경험한 학생들이 공통적으로 하는 말이 합격 여부와 상관없이 그 과정을 경험할 수 있었던 것이 큰 도움이 되었다는 의견이었다.

　　한참 시간이 지나 그때 오디션을 봤던 학생 중 한 명이 복학해서 얘기하기를, 그때는 너무 어리고 처음이라 그게 얼마나 소중한 기회였는지도 몰랐고 사실 준비도 미흡했었다는 말을 전하는 것 아닌가. 그러면서 그때 자신을 그렇게 추천해준 것에 대한 감사를 전하더라. 아마 휴학 중 외부에서 고군분투하며 실상 오디션 기회 한 번 얻기가 얼마나 힘든지 몸소 깨닫게 된 것으로 추측한다. 나 역시 살면서 몇 번의 추천서를 받아도 보고, 써주기도 했다. 누군가를 추천하고 누군가의 추천을 받는 일이 가벼운 일은 아니다. 서로에게 책임이 동반되기에 조심스러운 일이기도, 그만큼 감사한 일이기도 하다. 부디 후회가 남지 않도록, 또 다음을 기약할 수 있도록 매 순간 진정성을 가지고 누군가를, 무언가를 대하길 바란다.

s#6. 잘 보존된 영상 하나의 쓰임새

우리는 앞서 보존성을 지닌 영상 연기의 특성을 이해했다. 나는 최근까지 고맙게도 많은 좋은 작품에 출연했고, 모든 작품은 오디션을 통해 배역에 캐스팅되어 참여할 수 있었다. 비교적 최근 개봉한, 이름을 대면 다 알만한 유명한 상업 영화의 스태프이자 또 독립 영화 감독인 젊은 영화인에게서 연락이 왔다. 독립 영화를 하고 싶던 차였기에 우선 그 제안이 반가웠으며, 치열하게 작품에 관한 이야기를 나누고 나서 우리는 한배를 탔다. 열정과 재능이 넘치는 그들과 동고동락한 그해 여름, 그 일주일이 돌이켜보니 참 즐겁고 좋다.

그런데 함께하게 된 과정과 계기가 독특하여 지면에 소개하고자 한다. 이 작품은 오디션의 과정 없이 바로 캐스팅되어 참여한 작품이다. 내 기준으로 그렇지만, 알고 보니 해당 감독은 이미 나를 만나기 전 영상을 통해 내 연기를 확인하는 과정이 있었더라. 그중 흥미로운 것은, 여기에 영상의 보존성이 한몫했다는 것이다.

오래전, 역시나 유명한 상업 영화의 오디션을 본 적이 있다. 결과적으로 그 영화에는 캐스팅되지 않았다. 그런데 내게 출연을 제안하며 연락해 온 해당 감독이 말하기를, ○○ 작품 오디션 영상을 통해 내 연기를 보게 됐는데 준비 중인 자신의 작품 주인공과 잘 어울려 시나리오를 건네고 싶다는 게 아닌가. 실은 너무 오래전 오디션이라 그때 무슨 연기를 했는지도 기억이 희미했다. 좀 더 구체적인 이야기를 듣고 나니 당시 그 연기 영상을 찍고 나서 스스로 마음에 들어 했던 기억만 어렴풋이 남아있다. 정작 오디션을 보았던 그 작품과는 인연이 닿지 않았지만, 이때의 오디션 영상에 남은 연기의 보존성으로 인해 나는 다른 작품과 만나게 된 것이다.

　이처럼 영상의 보존성으로 인해 배우의 연기도 함께 보존된다. 그렇다면 앞으로 보게 될 오디션 영상 하나가, 배우가 출연한 작품의 장면 하나하나가 얼마나 중요한지를 다시 한번 새삼 깨닫게 된다. 최선을 다했거나 혹은 탁월했다면 작품에 아주 잠깐 스친 나를 누군가는 발견해줄 수도 있는 것이다. 이제 막 연기를 시작하는 그대들이 특별히 꼭 기억해줬으면 좋겠다.

s#7. 대본을 고르는 성의와 안목 정도는!

오랜 경험상, 오디션에서 제일 중요한 건 대본을 선정하는 능력부터
가 시작이다. 자유 연기를 보지 않는 오디션이라면 상관없다. 그냥
제작진에서 준비한 대본을 잘 소화하면 된다. 그런데 자유 연기가
무엇인가? 말 그대로 배우의 자유 의지로 연기를 준비해서 보여달
라는 거다. 그럼 여기서 제일 중요한 건 뭘까? 일단 대본을 잘 골라
야 한다. 잘 고른다는 것은 자신에게 가장 적합하며 자기가 제일 잘
할 수 있는 걸 고르는 게 가장 마땅해 보인다.

　　외부 오디션에 심사를 보러 간 적이 있다. 적잖이 충격을 받
았던 순간이 있다. 들어오는 지원자를 열 명이라고 치면 이 중 셋은
똑같은 대사를 하는 게 아닌가. 그 당시 TV나 온라인에서 제일 많이
회자되고 언급되는 대사였다. 말 그대로 누구나 알만한 유명한 대사
인 것이다. 대사가 유명하고 너무 뻔해서 문제가 되는 건 아니다.
그걸 잘 소화하면 된다. 그런데 그런 텍스트를 선정한 대부분은 그
연기를 제대로 소화해내지 못할 가능성이 매우 크다. 왜? 대체로 원
작 배우의 연기를 답습하기 바쁘니까.

　　생각을 한번 해보자. 왜 유명한 대사가 되었겠나. 그만큼 임
팩트가 강했다는 것이다. 강렬했다는 거다. 그걸 뛰어넘을 자신감에
새로운 해석이 가능한 사람만 선택하면 될 텍스트라고 본다. 그게
아니라면 많은 작품을 보고 공부하며 정성껏 공을 들여서 자신에게
어울리는 좋은 텍스트를 찾아라. 찾으면 얼마든지 있다. 대충 찾고,

쉽게 하려니 보이지 않는 것이다. 사람은 다른데 연기는 다 고만고 만하고 심지어 대사는 다 똑같다면 하루에 그런 지원자들을 수십 명, 수백 명도 볼 심사위원은 과연 어떨까? 말해 뭐하나. 지겹지. 뭐든 상대방의 입장이 되어 생각해보면 가장 이해가 쉽고 빠르다. 당신이라면 안 그렇겠는가.

자, 그럼 그렇다고 나머지 일곱 명은 괜찮았는가? 아니. 인터넷에 너무 떠돌아서 관련이 없는 필자도 외울 정도의 대사를 들고 온 경우가 많았다. 물론 역시는 역시라고, 그중에서도 대본 선정부터가 기가 막힌 친구가 하나둘 있었고 연기까지 우수했다. 이처럼 누군가는 자유 연기 하나를 선정해도 고민의 흔적이 가득하고 신선하다. 준비한 텍스트부터도 흡족하다. 대본 소화력도 좋다. 반대로 누군가는 스스로 고민하지 않는다. 인터넷에 하도 떠돌아 연기를 안 하는 사람들도 다 알만한 텍스트를 그저 무성의하게 대충 선택한다.

스스로 고민의 흔적이 전혀 느껴지지 않는 배우에게 내 작품의 인물을 맡길만한 어리석은 감독은 내가 알기에는 없다. 단언컨대 나라면 그런 배우를 캐스팅하지 않을 거니까. 그렇게 게으르고, 답습하기에만 급급한 배우라면 자신에게 어울리는 대본이 무엇인지 찾지도, 알지도 못할 가능성이 크다. 그 정도 성의도 보이지 않는 배우에게 관심이 갈 제작진이 몇이나 되겠는가. 오디션을 가벼이 보지 마라. 누군가는 진짜 목숨 걸고 덤빈다. 제작진을 쉽게 보지 마라. 이들은 이미 선수다. 경험을 쌓으며 가능성을 조금씩 높여 언젠가는 역할에 캐스팅되고 작품에 합류할 수 있기를 바란다.

배우는 직감적으로 연기하고 본능적으로 접근해야 하는 순간도 있지만, 더불어 끊임없이 연구하는 자세도 겸비해야 한다. 한 특강에서 만난 드라마 촬영 감독에게 누군가가 물었다. 그간 현장에서 봐온 배우 중, 함께 일하기 좋은 배우는 누구였냐고. 촬영 감독은 유형으로 답했다. 똑똑한 유형의 배우라고. 첨언하기를, 결국 현장에서 인지하고 이해하는 능력이 뛰어난 배우가 모두와 소통하며 자신의 몫을 야무지게 해내더라며 말이다. 여기에 필자도 덧붙이자면 자신이 오디션에서 어떤 텍스트를 선정해야 좋을지, 잘하는 것과 하고 싶은 건 무엇인지, 내게 어울리는 건 무엇인지, 나부터 알아가야 한다. 연기는 나로부터의 시작이다.

s#8. 심상치 않은 분위기를 읽은 어느 중요한 날

약 20년 전, 대학생이었던 한 청년이 지원자 대기실에 들어섰다. 그 시간대에 같이 오디션을 보게 될 다른 지원자들이 이미 먼저 와서 한창 연기 연습 중이었다. 주섬주섬 연습할 자리를 찾던 청년은 놀라기 시작한다. 어디서 많이 들은 대사와 눈물바다인 대기실 현장... 그렇다. 바로 자신이 준비한 자유 연기와 같은 작품의 비슷한 텍스트인 것이다. 당시 제일 유명한 드라마에서 청순가련한 여주인공의 하이라이트 장면. 곧 시작될 오디션을 위해 남들처럼 연기 연습을 해야 할 시간이지만 청년은 순간 깊은 고민에 빠진다.

　'분명 열 명씩 끊어서 한 조로 다 같이 오디션장으로 들어간다고 들었는데... 그렇다면 아무리 생각해도 이 열 명 중에서는 단번에 눈에 띄어야 그나마 승산이 있을 것 같은데... 무엇보다 심사위원들이 지겨울 것 같은 똑같은 대사를 하고 싶지 않은데... 그렇다면 이렇게 비슷한 대사로 다들 울고불고 난리인 다가올 이 침울한 상황에서 내가 뭘 해야 할까.' 청년의 머릿속은 매우 바빠졌고 오디션장 들어서기 직전이라는 빠듯한 시간 때문에 이내 침착해졌다. 이미 여기서 연기 연습을 할 시간과 마음은 사라진 상태.

　모 아니면 도. 망설임이 아닌 결단을 할 때였다. 마음이 정해지자 청년은 얼른 밖으로 나가 진행 요원에게 급히 종이와 펜을 부탁했다. 그러고는 대사를 써 내려가기 시작한다. 언젠가 재밌게 봤던 작품에서 깜찍 발랄한 여주인공의 당당하고 사랑스러웠던 장면.

그러나 당시 슬픈 정서가 몰입하기 더 편하여, 또 우는 게 더 자신 있었던 청년이, 귀여운 척이 민망해서 고이 가슴속에 넣어만 두었던 파편이 된 대사들을 하나하나 말이 되게끔 끼워 맞춘다. 그리고 대사를 마음에 심었다. '나는 오늘 여기서 제일 사랑스러운 애다.'

과연 잘한 선택이 될지, 내내 후회로 남을지 모르겠으나, 마지막(4차 오디션)까지 왔으니 나름의 결단이 필요했던 것일까. '아, 다른 지원자들의 슬픈 눈물 연기로 무거워질 오디션장을 20대 청춘의 풋풋함과 상큼함으로 분위기를 바꾸겠다.' 이어진 차례, 청년의 뻔뻔하고 당돌한 연기가 끝나자 웃음기 하나 없이 심각하던 오디션장에 몇몇 심사위원의 웃음이 터졌고, 청년은 한 조로 들어갔던 열 명의 지원자 중에 제일 많은 질문과 관심을 받았다.

지금 생각하면 꽤 용감했던 내 얘기다. 목전에서 준비한 걸 다 버리고 거침없이 새로운 카드를 선택하는 그 패기가. 결과가 좋았으니 이제 와서 마치 무용담처럼 풀어놓는 것이지, 실패였으면 이 자발적 선택을 누구한테 말도 못 하고 스스로 자책했겠다 싶다. '하던 대로 할 것을, 준비한 것만 할 것을, 뭐 한다고 그 중요한 순간에 도전한답시고 그 결심을 했나' 하면서 말이다. 이미 그 당시 내 안에 다른 이미지의 준비된 대사는 얼마든지 내재해 있었고, 준비해 온 자유 연기를 즉석에서 아예 다른 걸로 바꾸는 건 내게 큰 모험이었으나 그 당시 내가 판단하기로는 이미 최종 시험까지 살아남은 지원자는 다들 어느 정도 실력이 바탕이 되어 있을 테고, 각자의 강점도 분명할 터. 현장 분위기를 내게로 가져올 수 있을지가 관건이었다. 그에 따라올 결과를 받아들일 용기만 있다면 기꺼이 해볼 만한 선택이었다.

앞서 오디션에 관한 본문에서 이미 언급했다. 영화도 증명하듯, 실전은 기세다. 기운이 내게로 기울 수 있는 분위기를 읽어보자. 물론 그때는 운 좋게 통했지만 이후 통하지 않을 때도 있었다. 그러나 집에서 미친 듯이 연습해 놓고, 오디션장까지 와서 또 미친 듯이 연습만 할 이유는 없다. 숨 고르기를 하고 찬찬히 살펴볼 차례다. 필자는 지금도 현장에 가면 현장의 공기를 느끼는 것이 제일 신나고 좋다. 혼자 막 여기저기 조용히 둘러보고 기웃거린다. 오디션장에 도착해서도 처음 들어서는 그곳의 공기를 느끼려고 한다. 떠올리자면, 20년 전 그때도 긴장되는 가운데 대기실의 공기를 제일 먼저 느끼고 직감적으로 분위기를 읽었던 것 같다. 그냥 본능적으로.

s#9. 현장의 공기를 느끼고 싶어서

캐스팅이 되어야 작품에 합류하고 촬영을 하러 현장에 나가는데, 도통 오디션 기회조차 없으니 이 얼마나 탄식할 노릇인가. 그러다가 오디션에 합격해서 촬영 일정이 잡히니 떨리기도 설레기도. 이미 연기를 해본 사람들은 알겠지만, 배우의 일이라는 게 내가 하고 싶다고 끊임없이 역할이 주어지는 것도 아니고 정말 하고 싶은 역할이 있다고 내게 다 오는 것도 아니기에, 지금 일이 있고 작품을 하며 하나의 인물로 카메라 앞에 설 수 있는 그 순간을 최대한 음미하려고 한다. 후회가 남지 않도록.

그렇게 촬영하던 영화의 내 분량 마지막 촬영 날. 그날은 현장에 아주 일찍 도착했다. 한창 다른 배우들과 촬영 중이던 감독이 나를 보더니 아니나 다를까 왜 이렇게 일찍 왔는지를 묻는다. 진심이 툭 튀어나왔다. '그냥, 현장의 공기를 오래 느끼고 싶어서요.' 조용히 모니터 너머로 선배들의 연기를 보며 배우기도 하고, 팀 구성원들과 미리 인사를 하며 그간의 안부를 짧게 묻기도 하고. 언제나 그렇듯, 좋은 장면 멋진 작품이라는 하나의 공통된 목표를 가지고 한 팀의 일원으로 현장에 있는 그 시간이 내게는 참 좋다.

언제였던가. 드라마를 할 때였다. 그날은 지정된 한 병원에서 하루 종일 촬영이 있는 날이었다. 외진 곳에 있는 요양 병원이었기에 주변에 식사할 곳도 마땅치 않고 시간도 촉박해서 제작진 측에서 모든 스태프와 배우들에게 간단한 김밥을 준비해줬다. 실내에 자리가 한정

되기도 했지만, 날씨가 너무 좋아 밖으로 나가서 광합성을 하고 싶었다. 실내 공간도 차도 아닌, 햇빛을 받으며 밥을 먹고 싶어 앞 정원으로 나갔더니 몇몇 스태프가 이미 자리를 잡고 식사하고 있었다. 어디에 앉을까 자리를 찾던 중 내 눈에 띈 막내 스태프 셋. 딱 봐도 내가 가르치는 학생들 정도의 나이였다. 셋이 옹기종기 모여 김밥을 먹는 그 모습이 귀여워 자연스럽게 그곳으로 이끌렸다. '혹시 괜찮으면, 나도 여기서 같이 먹어도 될까요?' 싫어도 싫다고 말하기 애매했을 텐데 그들은 흔쾌히 옆자리를 내줬다. 그동안 몇 번의 촬영을 하며 서로 인사만 나눴지, 대화를 나누기는 그때가 처음이었다. 어쨌든 그날 이후 남은 촬영 기간 그들과 더욱 각별해진 것은 확실하다.

혼자 있을 때 에너지를 충전하는 내향적 인간인지라, 평소에도 너무 소란스럽고 사람이 많은 곳은 알아서 피했다. 그렇다 보니 언제나 많은 인원이 상주하고 부대끼는 현장이 그리 편하지 않고 어려울 때도 많았다. 소속사와 매니저도 없으니 스스로 운전해서 다니는 현장에서 늘 인사만 하고 조용히 혼자 대기하며 내 촬영 순서를 기다리는 편이었다. 누군가가 다가오는 것도, 누군가에게 다가가는 것도 약간은 부담스러웠다. 지금보다 더 어렸을 때는 그래서 현장이 늘 낯설었다. 신기한 것은 언제부터인지는 정확히 알 수 없으나 어느 순간 현장이 편해졌고 더 오래 머물고 싶은 마음이 생겨나기 시작했다. 그렇게 되니 연기하기 더 편해지고 좋아졌다. 모든 면에서. 내 연기를 위해서라도 현장과 현장의 일원들과 조화를 이뤄갈 노력을 할 가치가 충분하다고 본다.

s#10. 일 없으면 백수니까요

먼저 양해를 구하고 글을 시작하고자 한다. 여기에 백수라는 표현이 적합한지 모르겠으나, 흔히들 이런 표현을 쓰니 해당 부록에서도 그저 친근한 느낌으로 사용하려 한다. 배우는 작품이 없으면 백수다. 경험상 백수가 규칙적으로 사는 건 쉬운 일이 아니다. 그 누구의 터치도 없고 제약도 없어 더 자유로우니 인간의 게으른 습성이 스멀스멀 올라온다. 필자도 사이사이 백수가 많이 되어봤다. 물론 백수 아닌 누구라도 모두가 꼭 규칙적으로 살아야 할 이유는 없겠지. 각자의 가치관대로 방식대로 살아간다.

개인적으로 배우의 꿈을 지속하려면 최소한 가장 가까운 혈연인 가족의 심적 지지와 신뢰를 얻는 게 좋을 것 같았다. 가족은 이미 나를 믿어주고 있으니, 내가 더 잘해야겠다는 생각이었다. 다행히 그간 좋은 작품에 캐스팅되어 많은 작품에 참여도 했고, 어쨌든 지금까지 20년 이상을 꾸준히 현장에서 연기하고 있지만, 아직도 언제나 연기에 갈급하다.

그동안 이와 비슷한 고민을 하는 많은 동료와 학생들을 봐왔다. 모든 배우는 작품이 있을 때와 없을 때가 있지만, 신인이거나 아직 유명하지 않은 배우들은 더 현실적인 고민까지 해야 하니까. 불시에 오디션이나 촬영이 잡힐지도 모르니 회사에 마땅히 취직도 못하겠고. 다른 일을 병행하지 않는 한 배우가 작품이 없을 때는 경제활동이 없다는 건데, 경제력이 없으니 할 수 있는 활동에도 제한이 생기고. 그렇게 기약 없이 시간만 흐르면 어느 순간 가족 얼굴 보기도 민망한 순간이 오고. 혼자서 분명 할 수 있는 노력들을 하고 있겠지만, 외부에서 봤을 땐 그저 백수가 아무런 결실도 없이 시간을 보내는 것처럼 보일 수 있고. 이런 상황에서 어느 누가 적극적으로 응원만 해줄 수 있을까 싶다. 당사자 입장에서도 이 어려움을 딛고 다시 일어서는 걸 언제까지 반복할 수 있겠는가. 내 인생 내 뜻대로 살겠다는데도, 오지랖 넓게 간섭하며 아무 말이나 툭툭 던지는 사람들도 있다. 그러나 굴하지 않고 많은 배우들이 다른 일을 병행하면서도 여전히 배우라는 꿈을 위해, 가장 하고 싶은 연기를 하기 위해 오늘도 묵묵히 힘을 내고 있음을 알고 있다. 결국 배우는 일이 없는 그 시간을 어떻게 보내는지가 매우 중요하다. 그리고 그것이 정신 건강과도 이어진다.

　　부끄럽지만, 소중한 시간에 이 책을 펼친 당신에게 미약하나마 도움이 되길 바라는 마음에 내 경험을 공유한다. 내가 계속 연기를 할 수 있을지, 과연 이 길을 가겠다고 계속 이러고 있어도 되는지 심각하게 고민하던 때가 있다. 물론 비슷한 고민을 지금도 한다. 그러나 그때는 정말 일이 하나도 없었다. 무려 1년이 넘는 시간 동안. 보통은 중간중간 그래도 무슨 연락이라도 한 번씩 오는데 정말 아무 연락도 없었으며, 캐스팅은 고사하고 오디션을 보자는 연락조차 없었다. 정말 내가 할 수 있는 게 아무것도 없는 것처럼 보이던 때였다. 인생이 그렇지 않은가. 그래도 주어진 하루하루를 어떻게든 살아내야 하니까 현실을 인식하고, 내게 주어진 시간을 내가 할 수 있는 일들을 하며 성실히 보냈다.

　　그때부터 필자는 집 앞 도서관을 매일 같이 가기 시작했다. 도서관 휴관일이 야속할 정도였다. 일 없다고 괜히 무작정 집에만 있으며 걱정을 끼치고 싶지 않았고, 어떤 식으로든 걱정을 계속 끼치게 되면 내 연기를 지속하기도 힘들 것 같았다. 하고 싶은 연기를 내가 원할 때까지 끝까지 해보기 위해서는, 지금 잠깐 힘들어도 나는 흔들리지 않고 일상을 잘살고 있다는 것을 행동으로 삶으로 보여줘야 할 것 같았다. 나야 내가 선택한 길이라 감당할 수 있지만, 그 힘든 시간을 가장 가까이서 다 지켜보는 가족은 무슨 죄냐 말이다. 물론 이 길을 가겠다고 선택한 순간부터 계속 걱정을 끼치고 있기는 한 것 같다.

　　아무도 보지 않는 홀로 있는 그 시간이 그 사람의 진짜 모습이라 생각하기에, 아무도 내게 관심이 없고 아무도 보지 않아도 스스로 일정을 정하고 내가 할 수 있는 일을 해내며 오로지 나의 내면에만 집중했다. 아침 먹고 도서관에 가서 성경을 묵상하고 읽고 싶은 책을 찾아 마음껏 읽었다. 점심은 간단히 밖에서 해결했다. 햇빛이 제일 좋은 시간에 동네 한 바퀴나 뒷산을 돌고 와서는 또 도서관에서 책을 읽었다. 아마 모르는 사람들은 매일 아침부터 와서 하루 종일 있는 내가 무슨 대단한 공부라도 하거나 시험이라도 대비하는 줄 알았을 수 있겠다. 그렇게 시간을 보내고 저녁 먹을 시간에 맞춰 집으로 돌아갔다. 어떤 날은 아르바이트도 하면서.

　　'적어도 내 딸이 시간을 헛되이 보내지는 않고, 자기 할 일은 알아서 잘한다'라는 믿음이 있는 나의 어머니는 그 백수 시절에도 언제나 기를 북돋아 주고 무한한 신뢰를 보내주었다. 그 지지와 신뢰로 힘든 시간을 만날 때마다 다시 힘을 냈고, 그때부터 꼬박꼬박 날마다 집중하여 읽은 책이 지금 이 순간도 내게 큰 자양분이 된다. 그리고 그 시간은 내게 꾸준한 독서와 규칙적인 글쓰기라는 습관을 형성하게 했다. 좋은 책을 찾고 찾아 책 속의 지혜에 감탄하며, 소란하지도 요란하지도 않은 고요한 시간을 홀로 즐길 수 있도록.

　　　외부의 시선으로 보자면 너무나도 비생산적인 시간이었겠지만, 내부의 시선으로는 꼭 필요하고 거쳐야 하는 생산의 시간이지 않았나 싶다. 자발적 고립과 단절이 몰입을 이끌었고, 몰입은 간절한 무언가를 이루게 하는 힘이 되었다. 그 후 필자는 다시 공부를 시작해 학생들을 가르치기 시작했고, 지금도 영상학 박사로 관련 학문을 끊임없이 연구하는 중이니까. 물론 지금도 강의하고 연구하고 촬영하고 또 시간을 내어 프로필을 직접 제작사에 제출하며 연기할 기회를 잡기 위해 내가 할 수 있는 최선을 내고 있다. 모든 것이 내 뜻대로 되지 않는다고 하더라도 내게 아무것도 없는 것 같아도, 시간 하나만큼은 누구에게나 공평하게 주어지고 내 뜻대로 활용할 수 있잖나. 백수도 주어진 오늘을 성실히 잘 살아내어 후일의 탁월함을 도모할 수 있다. 그러니 지금 당장 일이 없더라도 내공을 잘 쌓고 있다면 너무 걱정할 것 없다. 기회가 올 때 언제든지 그 기회를 잡을 수 있도록, 마권찰장摩拳擦掌 하기를 바란다.

s#11. 앞으로 10년을 아무도 몰라줘도 연기할 수 있겠니?

신인 연기자로 막 뽑혔을 때 우리를 축하하러 모인 선배들 사이에서 어느 잘 모르는 선배가 우리에게 '앞으로 10년을 아무도 몰라줘도 연기할 수 있겠어? 10년 못 버티겠으면 지금 그만두는 것도 괜찮아'라는 말을 너무나도 아무렇지 않게 하는 것 아닌가. 치열한 경쟁률을 뚫고 지금 막 선발된 신인 연기자에게 이게 할 말인가. 솔직히 어린 마음에 이 정도면 악담 아닌가 싶었다. 10년을 도대체 왜 아무도 몰라주는 건지, 그런 지지부진한 시간이 와도 연기를 계속할 것인지 물으며 그게 아니면 지금 그만두는 것도 괜찮은 선택이란 말을 당시의 나는 전혀 이해할 수 없었다.

오랜 시간이 지나 필자는 그 선배의 말을 비로소 다 이해할 수 있었다. 그 선배는 자신의 경험과 심정을 이보다 더 솔직할 수 없을 정도로 나누어 주며, 가히 녹록지 않은 이 길에 이제 막 들어서는 후배들에게 어쩌면 진심을 터놓은 것이다. 미리 겁을 주는 것도 아니고, 잘 안되기를 바라는 것은 더더욱 아니었을 것이다. 누군가는 일찍 잘되고 더 많은 작품을 선택할 수 있겠지만, 또 누군가는 연기는 고사하고 생계를 걱정할 정도로 힘든 시간을 인내해야 할 수도 있기에, 그럼에도 불구하고 이 일을 유지할 수 있을지 미리 질문을 던져준 것이라 본다. 우리는 날마다 기대하고 꿈을 꾸는 동시에, 일상에 발을 딛고 현실도 살아내야 하니까.

필자가 방송사 공채 연기자로 선발되어 연기를 시작한 지 20

년이 되었다. 지금도 연기하고 있고 긴 시간 작품이 이어진다는 게 참 감사하지만, 아직도 배우로 갈 길이 멀고 여전히 작품에 목마르다. 그래서 진지하게 진로를 고민해오는 제자들에게 조심스럽게 그 선배가 우리에게 던졌던 것과 같은 질문을 던져본 적도 있다. 아마 지금 어린 제자들도 이 말의 속뜻을 다 이해하지 못할지 모른다. 기분 나빠 할지도 모르겠다. 강산이 변한다는 10년이라는 긴 시간이 자신에게는 필요 없을 것 같다면, 그런 일은 없을 것으로 생각한다면, 이 말은 그냥 흘려버려도 좋다.

그대에게 연기는 어떤 의미이고, 배우라는 일은 무엇인가. 왜 이 길을 가려고 하는지, 분주하고 조급한 마음을 잠시 내려놓고 자신의 심연을 들여다보는 고요와 고독이 있기를. 대중적 인지도와 소유의 정도나 외부의 평가가, 그대 자신을 잘 아는 것과 그대 내면의 소리에 귀 기울이는 것보다 중요하지는 않으니까.

책을 닫으며

이 글은 사실 수년 전부터 쓰기 시작했습니다. 그런데 채 마무리하지 못하고 저의 박사 논문에 밀려 그렇게 시간이 흘렀습니다. 영상학 박사가 되고 나서 제일 먼저 떠오른 건 이 책을 매듭지어 세상에 내보내고 싶다는 마음이었습니다. 두려운 마음에 글을 오래 붙잡아 품고 있기도 했으니까요. 적절한 때에 내보내지 못하고 고치고 고치기만 반복하며 더 품고 있다가는, 어쩌면 사장될 수 있다는 것도 알기에 용기 내어 이제 이 글을 제 손에서 떠나보냅니다. 묵묵히 연기했던 나의 20년을 축약해 담고, 세상에 나가 미약하게나마 살아남아 그 역할을 해내길 바라며.

나의 경험과 공부를 통해 누군가에게 꼭 필요한 도움을 줄 수 있다면 그게 바로, 제가 이 책을 집필한 단 하나의 이유 아닌가 생각해봅니다. 우리네 삶에 완전과 완벽이란 쉽지 않기에 나중에 제가 이 책을 다시 펼쳤을 때 후회나 아쉬움이 적기만을 바랄 뿐입니다. 백범 김구 선생이 즐겨 읊어 유명해진 임연臨淵 이양연李亮淵의 시 「야설野雪」은 뒤이어 올 사람을 위한 반듯하고 조심스러운 심경을 함축하여 선한 영향력을 되새기게 합니다.

눈 덮인 들판을 걸을 때 함부로 어지러이 걷지 마라
오늘 내가 남긴 발자취는 뒷사람의 이정표가 되리니

스무 살 영화학도였던 자그마한 소녀의 꿈이 여전히 현재 진행형임에 설레면서도 다른 한편으론, 위의 시구에 담긴 떨리고 두근거리는 마음으로 한 발짝 한 발짝 정성껏 내디며 독자 여러분을 만납니다. 글을 쓰는 동안 문득문득, 지금도 카메라 앞에 서는 현직 배우이면서 전공학과 교수로 학생들을 가르치고 있고 또 관련 분야 박사라는 것이 오히려 저를 더 부담스럽게 했고, 여간 신경 쓰이는 게 아니었습니다.

저는 그저 내 연기나 잘하고 싶은 배우인데, 연기에 관하여 이렇게나 장황하게 늘어놓는 것이 개인적 성향과 잘 맞지도 않았고요. 아마 이 책을 어느 하나의 입장에서만 썼다면 차라리 더 수월하게 편안한 마음으로 쓸 수 있었을지도 모르겠습니다. 어쩌면 그 고비를 넘겨 다시 글을 지속할 수 있었던 건 이 길을 가려는 앞으로의 배우들을 위해 지금 제가 할 수 있는 것이 이것밖에 없어서이기도.

더 나아가 신진 학자로서 일말의 책임 의식이나 마음가짐 때문이기도 합니다.

배우는 마라토너에 비유할 수 있습니다. 바로 들리는 환호가 없어도 묵묵히 가다 보면 가끔 누군가가 응원을 건네기도 하고, 마른 목을 축이는 시원함도 기다리고 있습니다. 잠시 뒤처지기도 했다가 다시 앞서 나가기를 반복하는 장거리 경기이지요. 그 긴 여정에서 계속 앞에만 있어도 피곤하고 계속 뒤에만 머물 리도 없지 않겠습니까. 이 과정에서 가장 중요한 건 어쩌면, 자신이 가야 할 길을 아는 것과 지금 자신의 상태를 정확히 파악하는 것. 필요한 때에 자신에게 주어진 것에 강력한 힘을 발휘해 몰입할 줄 아는 것. 그리고 시들지 않는 도전 정신으로 때를 기다리며 자신을 조절하고 운영할 줄 아는 내공과 여유 아닐까요.

나를 신뢰하고 응원해주는 제자들과, 흔쾌히 출간을 진행해주신 이성모 대표님 및 도서출판 동인 관계자들께 고마움을 전합니다.

나의 믿음의 선배, 존경하는 어머니와 사랑하는 가족들 감사하고 또 감사합니다. 그리고 사랑합니다. 이 책이 세상에 나올 수 있었던 건 전적으로 살아계신 나의 하나님, 주의 은혜임을 고백합니다.

마지막으로 이 책에 새로운 활기를 불어넣을 이는 오직 독자이기에, 미리 감사의 마음을 전합니다. 우연히 이 책을 발견한 당신에게 소소한 기쁨과 약간의 위로가 깃들길 기도하며, 당신의 꿈에 더욱 가까워지길 진심으로 응원합니다.

2024년 3월
이언정

주석 모음

1 사전적 의미로 스크린(screen)은 영화, 텔레비전, 컴퓨터의 모든 화면을 지칭한다. 본고에서는 플랫폼의 제한 없이 카메라를 매개로 하여 화면을 통해 관객에게 전달되는 연기를, 가장 적절히 표현하고자 '스크린 연기'라는 용어를 선택하기로 한다. 스크린 연기는 영화 연기, 드라마 연기, 방송 연기, 영상 연기, 매체 연기, 카메라 연기, 크로마키 연기 등 모두를 내포한다.

2 이언정, 2023, 1쪽.

3 전에 주로 종교적 의미를 갖던 '아우라'를 1936년, 독일의 철학자 발터 벤야민(Walter Benjamin)이 「기술복제시대의 예술 작품 Das Kunstwerk im Zeitalter seiner technischen Reproduzierbarkeit」이라는 논문에서 사용하며 미학적 의미로 전환한 개념이다. 그는 아우라가 유일한 원본만이 지닐 수 있는 것이기에 기술 복제 시대의 예술 작품에 '아우라의 붕괴'를 선언하였으나, 현대에 와서 그것을 '맞고, 틀리다'의 이분법적 성격으로 해석하는 것은 적절하지 않아 보인다. 오히려 현 시대의 예술을 지각하고 수용하는 형태에 주목하여 새로운 아우라의 발현을 고민하는 것이 개인적으로는 더욱 적합해 보인다.

4 코로나 팬데믹 여파와 그로 인한 변화, 또 시대의 흐름을 타고 이제 콘텐츠 제작 환경과 공개 방식, 현장의 모습이 굉장히 빠르고 다양하게 변모하고 있다. 또 새로운 세대가 받아들이는 영화의 개념 및 관람 형태 및 시대의 요구가 달라지고 있다고도 볼 수 있다. 이로 인해 전통적 영화의 개념도 바뀌고 있으며 이에 따른 의견도 분분하지만, 봉준호 감독의 말처럼 영화는 계속해서 자신의 본분을 다하며 달리고 있다. 코로나 펜데믹과 시대의 흐름에 맞물려 인터넷 플랫폼을 통해 혼자 영화를 보는 것이 익숙해진 지금, 과연 영화의 미래는 어떠할지 자꾸 상상하게 된다.

5 https://www.mbn.co.kr/news/culture/4989425

6 영화진흥위원회 통합전산망 기준.

7 이언정, 2022, 59쪽.

8 김호영, 183쪽.

9 배우의 얼굴 클로즈업을 통해 인물의 내면을 드러내는 표정 양식을 발라즈는 '미세한 표정 표현'이라 일컬었다.

10 이언정, 2022, 58쪽.

11 이언정, 2022, 58쪽.

12 이언정, 2022, 59쪽.

13 이언정, 2022, 59쪽.

14 왕가위, 98쪽.

15 https://www.ftoday.co.kr/news/articleView.html?idxno=312158

16 https://news.sbs.co.kr/news/endPage.do?news_id=N1007456360&plink=ORI&cooper=NAVER

17 맥켄드릭, 358쪽.

18 케인, 41쪽.

19 https://sports.chosun.com/entertainment/2018-11-02/201811030100022910001417?t=n1

20 왕가위, 98쪽.

21 이언정, 2023, 66쪽.

22 이언정, 2023, 160쪽.

23 이언정, 2023, 160쪽.

24 스타니슬랍스키, 278쪽.

[25] 이언정, 2023, 21쪽.

[26] 이언정, 2023, 20쪽.

[27] 맥켄드릭, 255쪽.

[28] 이언정, 2023, 20쪽.

[29] https://star.ohmynews.com/NWS_Web/OhmyStar/at_pg.aspx?CNTN_CD=A000299 1436&CMPT_CD=P0010&utm_source=naver&utm_medium=newsearch&utm_campaign =naver_news

[30] https://www.yna.co.kr/view/AKR20201023004200075?input=1195m

[31] https://tenasia.hankyung.com/article/2020081332254

[32] https://terms.naver.com/entry.naver?docId=935558&cid=43667&categoryId=43667

[33] https://tvreport.co.kr/movie/article/679816/

[34] https://isplus.com/article/view/isp202306210163

[35] https://content.v.daum.net/v/ESFuDr7Bkd

[36] 개역개정판.

[37] 이언정, 2023, 3쪽.

[38] 케인, 90쪽.

[39] 2023년 4월 1일 조사 기준.

[40] https://n.news.naver.com/mnews/article/001/0000480744?sid=103

[41] 베이츠, 22쪽.

[42] https://www.seoul.co.kr/news/newsView.php?id=20181029015001

참고 문헌

서적

Corrigan, Timothy & Patricia White.『영화개론』제4판. 정재형 옮김, 서울: 시그마
　　　프레스, 2023.

거스킨, 해럴드.『연기하지 않는 연기』. 이은주 옮김. 서울: 도레미엔터테인먼트,
　　　2019.

김남시, 김소영, 임성훈, 전예완.『현대 독일 미학: 감각, 기억, 사유의 변증법』.
　　　서울: 이학사, 2017.

김호영.『영화이미지학』. 파주: 문학동네, 2014.

디드로, 드니.『배우에 관한 역설』. 주미사 옮김. 서울: 문학과지성사, 2001.

라푸앵트, 타냐.『듄: 메이킹 필름북』. 김승욱 옮김. 파주: 문학수첩, 2021.

맥켄드릭, 알렉산더.『영화 수업: 마음을 사로잡는 스토리텔링은 무엇이 다른
　　　가』. 폴 크로닌 엮음. 김윤철 옮김. 서울: 북하우스, 2012.

무어, 소냐.『스타니슬랍스키 연기 수업』. 한은주 옮김. 서울: 연극과인간,
　　　2014.

발라즈, 벨라.『영화의 이론』. 서울: 동문선, 2003.

버틀러, 아이작.『메소드: 20세기를 지배한 연기 테크닉』. 윤철희 옮김. 전종혁
　　　감수. 서울: 에포크, 2023.

베이츠, 브라이언.『배우의 길』. 윤광진 옮김. 서울: 예니, 1997.

벤야민, 발터.『기술복제시대의 예술작품 / 사진의 작은 역사 외』. 최성만 옮
　　　김. 서울: 도서출판 길, 2008.

　　　　　　　.『기술적 복제시대의 예술작품』. 서울: 도서출판 b, 2017.

보드월, 데이비드. 『영화 스타일의 역사』. 김숙, 안현신, 최경주 옮김. 파주: 한울, 2008.

브룩, 피터. 『빈 공간』. 이민아 옮김. 서울: 걷는책, 2019.

스타니슬랍스키, 콘스탄틴. 『배우 수업』. 신겸수 옮김. 서울: 예니, 2014.

스트라스버그, 리. 『연기의 방법을 찾아서』. 하태진 옮김. 서울: 현대미학사, 1993.

심혜련. 『20세기의 매체철학: 아날로그에서 디지털로』. 서울: 그린비, 2012.

아리스토텔레스. 『시학』. 천병희 옮김. 서울: 문예출판사, 2002.

엘리스, 잭 C. 『세계 영화사』. 변재란 옮김. 서울: 이론과실천, 1988.

왕가위, 존 파워스. 『왕가위: 영화에 매혹되는 순간』. 성문영 옮김. 서울: 씨네21북스, 2018.

이언정. 「게이미피케이션을 활용한 스크린 액팅 교과 과정 개발 〈스크린 액팅 게임〉」. 성균관대학교 박사학위논문, 2023.

_____. 「배우의 얼굴을 통한 내면의 표현: 벨라 발라즈 이론을 중심으로, 〈오징어게임〉 얼굴에 대한 미학적 고찰」. 『한국엔터테인먼트산업학회논문지』 16.4 (2022): 55-65.

자네티, 루이스. 『영화의 이해』. 박만준, 진기행 옮김. 서울: K-books, 2017.

자포라, 루스. 『액션 시어터: 존재의 즉흥』. 박명숙 옮김. 서울: 현대미학사, 2004.

정인숙. 『아메리칸 액팅 메소드의 이해』. 서울: 연극과인간, 2014.

주아노, 벵자맹. 『얼굴, 감출 수 없는 내면의 지도』. 파주: 21세기북스, 2011.

짐멜, 게오르그. 『배우의 철학』. 신소영 옮김. 서울: 연극과인간, 2010.

_____. 『짐멜의 모더니티 읽기』. 김덕영, 윤미애 옮김. 서울: 새물결, 2005.

체호프, 미하일. 『미카엘 체홉의 테크닉 연기』. 윤광진 옮김. 서울: 예니, 2000.

_____. 『미하일 체홉의 배우에게』. 김선, 문혜인 옮김. 서울: 동인, 2015.

칙센트미하이, 미하이. 『몰입 Flow: 미치도록 행복한 나를 만난다』. 서울: 한울림, 2018.

케인, 마이클. 『마이클 케인의 연기 수업』. 송혜숙 옮김. 서울: 바다출판사, 2017.

코헨, 로버트. 『액팅 원』. 박지홍 옮김. 서울: 경당, 2006.

톰슨, 크리스틴 & 데이비드 보드웰. 『세계영화사』 전3권. 주진숙 외 옮김. 서울: 시각과언어, 2000.

인터넷

「톱스타가 아버지 이야기가 나오자 갑자기 눈물을 흘린 이유」. 『필더무비』, 2022년 6월 13일. 〈https://content.v.daum.net/v/ESFuDr7Bkd〉

김영재. 「관객에게 예의 지키기 위해 150번 보며 계속 편집했죠」. 『파이낸셜 투데이』, 2023년 11월 22일.
〈https://www.ftoday.co.kr/news/articleView.html?idxno=312158〉

김정화. 「[르포] "야! 옷 더러워져, 앉지 마" … 소품만도 못한 보조출연자」. 『서울신문』, 2018년 10월 28일.
〈https://www.seoul.co.kr/news/newsView.php?id=20181029015001〉

김지원. 「'승리호' 유해진, 한국영화 최초 로봇 모션 캡처 연기 도전」. 『텐아시아』, 2020년 8월 13일.
〈https://tenasia.hankyung.com/article/2020081332254〉

네이버 시사상식사전. '모션캡처' 검색.
〈https://terms.naver.com/entry.naver?docId=935558&cid=43667&categoryId=43667〉

박로사. 「톰 크루즈 "오토바이 낙하신, 사망 대비해 첫날 촬영" (미션임파서블7)」. 『일간스포츠』, 2023년 6월 21일.
〈https://isplus.com/article/view/isp202306210163〉

양형석. 「일곱 난쟁이에게 '군사훈련' 받는 백설공주?」. 『오마이뉴스』, 2024년 1월 7일.

⟨https://star.ohmynews.com/NWS_Web/OhmyStar/at_pg.aspx?CNTN_CD= A0002991436&CMPT_CD=P0010&utm_source=naver&utm_medium=newsear ch&utm_campaign=naver_news⟩

오지예. 「'서울의봄' 천만 관객 돌파…최종 성적표 '관심'」. 『MBN 뉴스』, 2023년 12월 26일. ⟨https://www.mbn.co.kr/news/culture/4989425⟩

이주형. 「[씨네멘터리] "서울의 봄"은 이렇게 편집됐다」. 『SBS NEWS』, 2023년 12월 10일.

⟨https://news.sbs.co.kr/news/endPage.do?news_id=N1007456360&plink=O RI&cooper=NAVER⟩

정유나. 「'방구석1열' 한재림 감독 "관상' 송강호 · 이정재 만남신, 따로 찍은 것"」. 『스포츠조선』, 2018년 11월 2일.

⟨https://sports.chosun.com/entertainment/2018-11-02/201811030100022910 001417?t=n1⟩

정윤섭. 「'디즈니 백설공주 모델' 미국 여배우 마지 챔피언 별세」. 『연합뉴스』, 2020년 10월 23일.

⟨https://www.yna.co.kr/view/AKR20201023004200075?input=1195m⟩

정윤정. 「'아바타2'서 CG 없는 장면은 단 2개뿐 [할리웃통신]」. 『티비리포트』, 2023년 2월 21일.

⟨https://tvreport.co.kr/movie/article/679816/⟩

홍제성. 「KBS, 탤런트 선발 인터넷으로 진행」. 『연합뉴스』, 2003년 10월 15일.
⟨https://n.news.naver.com/mnews/article/001/0000480744?sid=103⟩

지은이 **이언정**

2003년 KBS 20기 공채 연기자
연세대학교 언론홍보대학원 방송·영상·문화컨텐츠 전공 졸업(문학 석사)
성균관대학교 일반대학원 영상학과 졸업(영상학 박사)
현재 백석대학교 문화예술학부 겸임 교수

박사 논문 「게이미피케이션을 활용한 스크린 액팅 교과 과정 개발 〈스크린 액팅 게임〉」
         (게임 디자인과 영상 연기를 융합한 새로운 연기 교육 방법론을 제시한 연구이다.
         본 연구를 기반으로 플레이어, 즉 배우와 학생들의 자발적이고 적극적인 연기
         발화와 능동적 태도 및 도전적 참여를 이끄는 체계적이고 재미있는 수업을 진행
         하고 있다.)
출연 작품 영화 〈서복〉〈염력〉〈그날의 분위기〉〈탐정 더 비기닝〉〈미드나잇 블루〉 외 다수
         드라마 〈검법남녀〉〈지옥〉〈마우스〉〈초콜릿〉〈악의 꽃〉 외 다수

배우는 배우

초판 1쇄 발행일 2024년 3월 20일

이언정 지음

발 행 인 이성모
발 행 처 도서출판 동인 / 서울특별시 종로구 혜화로3길 5, 118호
등록번호 제1-1599호
대표전화 (02) 765-7145 / FAX (02) 765-7165
홈페이지 www.donginbook.co.kr
이 메 일 donginpub@naver.com
I S B N 978-89-5506-963-1 (03680)
정   가 13,000원

※ 잘못 만들어진 책은 바꾸어 드립니다.